MARCO POLO

Reisen mit
Insider Tipps

FLANDERN

ANTWERPEN, BRÜGGE, GENT

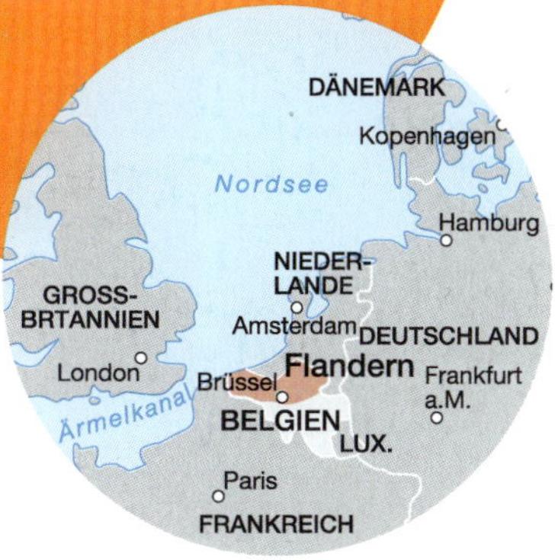

DÄNEMARK
Kopenhagen
Nordsee
Hamburg
GROSS-
BRTANNIEN
NIEDER-
LANDE
Amsterdam DEUTSCHLAND
London
Brüssel **Flandern** Frankfurt
Ärmelkanal
BELGIEN
LUX.
Paris
FRANKREICH

MARCO POLO Autor
Sven-Claude Bettinger

Französisch sprach der gebürtige Saarländer flie-
ßend, als er 1975 nach Brüssel zog, um für deutsche
Funkanstalten über belgische Kultur, Geschichte
und Politik zu berichten. Er studierte an der Freien
Universität Brüssel Niederlandistik und dozierte jah-
relang am Hoger Instituut voor Dramatische Kunst
Herman Teirlinck in Antwerpen. Sven-Claude Bettinger ist auch Autor des MARCO POLO „Brüssel".

www.marcopolo.de/flandern

Die besten Insider-Tipps → S. 4

INSIDER TIPP ▶

Best of ... → S. 6

Westflandern → S. 32

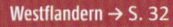

Ostflandern → S. 48

SYMBOLE

INSIDER TIPP Insider-Tipp

★ Highlight

●●●● Best of ...

☼ Schöne Aussicht

☺ Grün & fair: für ökologi-
sche oder faire Aspekte

(*) kostenpflichtige
Telefonnummer

**PREISKATEGORIEN
HOTELS**

€€€ über 140 Euro

€€ 90–140 Euro

€ unter 90 Euro

Die Preise gelten für
ein Doppelzimmer mit
Frühstück

**PREISKATEGORIEN
RESTAURANTS**

€€€ über 50 Euro

€€ 30–50 Euro

€ unter 30 Euro

Die Preise gelten für ein
dreigängiges Menü ohne
Getränke

INHALT

Flämisch-Brabant→ S. 58

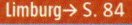
Antwerpen→ S. 68

Limburg→ S. 84

Reiseatlas → S. 122

GUT ZU WISSEN
Geschichtstabelle → S. 12
Urban Gardening → S. 23
Spezialitäten → S. 26
Bücher & Filme → S. 46
Veggiedag Gent → S. 54
Lambic, Gueuze und Kriek
→ S. 62
Personal Shopper Antwerpen
→ S. 74
Was kostet wie viel? → S. 113
Wetter in Oostende → S. 114

KARTEN IM BAND
(124 A1) Seitenzahlen
und Koordinaten verweisen
auf den Reiseatlas
(0) Ort/Adresse liegt außerhalb des Kartenausschnitts
Es sind auch die Objekte mit
Koordinaten versehen, die
nicht im Reiseatlas stehen
(U A1) Koordinaten für die
Karten von Antwerpen,
Brügge und Gent im hinteren
Umschlag

**UMSCHLAG HINTEN:
FALTKARTE ZUM
HERAUSNEHMEN →**

FALTKARTE 🗺
(🗺 A–B 2–3) verweist auf
die herausnehmbare Falt-
karte

Die besten MARCO POLO Insider-Tipps

Von allen Insider-Tipps finden Sie hier die 15 besten

INSIDER TIPP ▶ Schlaraffenland

Juliette's backt in Brügge vor aller Augen ausgefallene Spekulatius- und Honigkuchenspezialitäten aus Biozutaten → S. 37

INSIDER TIPP ▶ Coole Nacht

Am Stadtrand von Kortrijk liegt das schick gestylte D-Hotel mit Wellnesscenter, ein passendes Aushängeschild für die heimliche Designhauptstadt → S. 42

INSIDER TIPP ▶ Ökomode

Der Antwerpener Modeschöpfer Bruno Pieters fertigt seine Kreationen nur noch aus Stoffen, deren Fasern aus ökologischem Anbau stammen und die nach Fairtradeprinzipien hergestellt worden sind → S. 29

INSIDER TIPP ▶ Pommes-Paradies

Im Brügger Frietmuseum dreht sich alles um Kartoffeln und Pommes frites. Selbstverständlich endet der Besuch mit einer zünftigen Kostprobe → S. 34

INSIDER TIPP ▶ Beschwingtes Nightlife

In der saloonartig gestylten Bar Jigger's in Gent mixt Olivier Jacobs auch mit einheimischem Genever Cocktails, die mehrfach preisgekrönt worden sind → S. 56

INSIDER TIPP ▶ Veggiesnack

Antwerpener Inder bereiten im Snack Aahaar ein abwechslungsreiches vegetarisches Buffet zu – für 9 Euro darf man essen, so viel man will → S. 76

INSIDER TIPP ▶ Bier im Dutzend

Im beschaulichen westflämischen Künstlerdorf Watou werden über ein Dutzend leckere Biere handwerklich gebraut und in den netten Gaststätten am Platz ausgeschenkt → S. 97

INSIDER TIPP ▶ Rokoko und Gärtnerkunst

Ein Festival für Pflanzen: Die Schlossherren von Hex züchten herrliche Rosen und alte Gemüsesorten (Foto re.) → S. 94

BEST OF ...

SPAREN

● *Panorama vom MAS*

Praktische Rolltreppen führen im Antwerpener *MAS* (Museum aan de Stroom) zehn Etagen hoch. Dabei genießen Sie eine ständig wechselnde Aussicht auf die Stadt, den Hafen und das Umland. Dieser Wandelboulevard ist sogar bis Mitternacht frei zugänglich → **S. 72**

● *Kunst und Natur*

Am Stadtrand von Antwerpen liegt das *Middelheimmuseum* mit einer eindrucksvollen Sammlung von Plastiken namhafter Bildhauer seit Auguste Rodin. Auch die Sonderausstellungen im Freien und in den Pavillons können Sie kostenlos besuchen (Foto) → **S. 73**

● *Süßer die Glocken nie klingen*

Im Turm der *Sint-Romboutskathedraal* hängen gleich zwei Glockenspiele, auf denen an Sommerabenden Konzerte gegeben werden. Schließlich ist in Mechelen die renommierte Glockenspielerschule beheimatet. Das Kulturzentrum stellt gratis Stühle zur Verfügung → **S. 82**

● *Blick hinter königliche Kulisse*

Wenn Belgiens König in den Sommerferien weilt, dann kann man seinen Amtssitz *Palais du Roi* kostenlos besichtigen. Die Krönung bildet der Spiegelsaal mit einer Decke, die der Avantgardekünstler Jan Fabre mit Millionen schillernder Käferpanzer dekoriert hat → **S. 61**

● *Stadtfest in Gent*

Zehn Tage und Nächte locken die *Gentse Feesten* mit einer Fülle von Gratisveranstaltungen Musikfans, Theaterliebhaber und Freunde der Straßenkunst in die Studentenstadt. Nach Einbruch der Dunkelheit genießen Sie auch noch ein märchenhaftes Lichterspiel → **S. 106**

● *Der Nationalpark erklärt*

Flanderns einziger Nationalpark *Hoge Kempen* in Limburg wartet mit viel Naturschönheit in Heide-, Wald- und begrünter Haldenlandschaft auf. Bei den kostenlosen Führungen erfahren Sie alles über Flora und Fauna, Gesteine und Geschichte → **S. 89**

○ ● ● ● Diese Punkte zeichnen in den folgenden Kapiteln die Best-of-Hinweise aus

● *Gefallenenehrung*
Auf den Wänden der *Menenpoort* in Ieper stehen die
Namen von fast 55 000 Gefallenen des Ersten
Weltkriegs, deren Gebeine nie gefunden wor-
den sind. Jeden Abend Punkt 20 Uhr ehrt die
Feuerwehrkapelle alle Kriegsopfer mit dem
Zapfenstreich „Last Post" → S. 42

● *Fischfang hoch zu Pferd*
Nur noch in Oostduinkerke können Sie
das miterleben: Bei Wind und Wetter rei-
ten Fischer auf schweren Kaltblütern ins
Meer (Foto). In die Netze gehen ihnen
kleine, graue Krabben, die fangfrisch in typisch flämische Delikatessen verwandelt werden. Hintergrundinformationen bekommen Sie
im Ort beim *Nationaal Visserijmuseum* → S. 46

● *Historische Musikinterpretation*
Flamen wie Philippe Herreweghe, die Brüder Kuijken oder Paul van
Nevel zählen zu den Pionieren der authentischen Interpretation der
Musik von der Polyphonie bis zum Barock. Im Antwerpener Musikzen-
trum *AMUZ* hören Sie ausschließlich stilgerechte Konzerte, inzwischen
auch mit Werken des 19. und frühen 20. Jhs. → S. 78

● *Einheimische Blütenpracht*
Seit über zwei Jahrhunderten sind die *Floralien* in Gent eine einzigar-
tige Schau der besten Blumenzüchter und Blumenbinder der Gegend.
Liebhaber halten insbesondere Ausschau nach ihren international
renommierten Gewächsen, den Azaleen und Begonien → S. 106

● *Flanderns Nationalsport*
Das berühmt-berüchtigte Radrennen Ronde van Vlaanderen findet nur
an einem einzigen Tag statt. Während des gesamten Jahres lernen
Liebhaber im *Centrum Ronde van Vlaanderen* die Etappen der populä-
ren Sportveranstaltung und das Leben der Volkshelden kennen → S. 57

● *Lebende Krippen*
Im Kempenland um Turnhout hält sich eine der schönsten und authen-
tischsten Weihnachtstraditionen. Auf den Dorfplätzen werden typische
Ställe der Gegend aufgestellt, in denen lebensgroße Puppen die Ge-
burt Christ illustrieren. Die echte Attraktion sind allerdings die Kühe,
Schafe, Ziegen und Hühner im Stall → S. 107

TYPISCH

BEST OF …

REGEN

• Königliche Belle Époque
Leopold II. ließ in Oostende die *Koninklijke Gaandereien* bauen, 400 m lange Arkaden. Heute können Sie hier bei Regenwetter angenehm flanieren, den Blick auf Strand und Meer genießen und im Thermae Palace Hotel Tee trinken → **S. 44**

• Schokoladenspaß
Im *Choco Center* des Schokoladenmuseums Choco Story in Brügge können Sie zuschauen, wie Pralinen hergestellt werden – oder an einem Kurs teilnehmen, um alle Kniffe zu erlernen → **S. 100**

• Tropenvegetation
Hauptattraktion von Belgiens Nationalem Botanischem Garten ist das *Palais des Plantes.* In gigantischen gläsernen Gewächshäusern können Sie 18 000 Pflanzenarten kennenlernen. Die Flora Zentralafrikas steht im Mittelpunkt (Foto) → **S. 64**

• Kunst in Hülle und Fülle
Die *Musées Royaux des Beaux-Arts de Belgique* in Brüssel sind das größte Museum des Landes. Wenn Sie noch das angegliederte Musée Magritte besuchen, im Café pausieren und im Shop stöbern, können Sie hier leicht einen Regentag verbringen → **S. 61**

• Pool mit Aussicht
Das *Wellnesscenter des Hotels La Réserve* in Knokke ist im 6. Stock untergebracht. Vom blauen Pool schauen Sie durch große Glaspartien aufs Meer und in den Himmel. Auch bei Regenwetter zaubert allein schon dieser Blick Entspannung hervor → **S. 41**

• Feiner Flügelaltar
Der *Genter Altar* der Brüder Hubert und Jan van Eyck in der Sint-Baafskathedraal zählt zu den Höhepunkten der Kunstgeschichte. Amüsant und spannend ist es, sich in die unzähligen Details zu vertiefen → **S. 52**

ENTSPANNT ZURÜCKLEHNEN
Durchatmen, genießen und verwöhnen lassen

● **Das ruhige Brügge**

Abseits der Touristenmassen, die sich übers Pflaster schieben, lädt der herrliche, stille Garten der *Sint-Sebastiaansgilde* zur Verschnaufpause ein. Nur die Glocken im Renaissanceturm erinnern Sie daran, dass die Zeit vergeht → S. 35

● **Bukolisches Vergnügen**

Im ländlichen Restaurant *In de Wulf* genießen Sie an der Grenze von Flandern zu Frankreich faszinierende Leckerbissen aus saisonalen Produkten der Gegend – und am besten auch noch eine ruhige Nacht in Zimmern ohne Fernsehen und Internetanschluss → S. 97

● **Kreuzfahrtstimmung**

Wie der Bug eines Luxusliners ragt das schneeweiße Caférestaurant *Zuiderterras* über der Schelde in Antwerpen auf. Weit gleitet Ihr Blick über den breiten Strom, auf dem Lastkähne und Yachten vorbeiziehen, bei einem Glas Bier oder Wein kommt Ferienlaune auf (Foto) → S. 77

● **Terrasse zum Träumen**

Vom Brüsseler Trendlokal *Kwint* genießen Sie, insbesondere wenn Sie auf der großzügigen Terrasse sitzen, den Blick auf die traumhafte Achse von der Place Royale über die hängenden Gärten zu Ihren Füßen zum Rathausturm und weiter in die brabantische Landschaft → S. 61

● **Ländliche Idylle**

Im Schatten der Genter *Sint-Pietersabdij* und über einem Scheldearm liegt eine Oase der Ruhe und Beschaulichkeit: eine Wiese voll knorriger Apfelbäume, ein aromatisch duftender Kräutergarten und sogar ein veritabler Weinberg → S. 52

● **Aromatherapie**

Bereits die Lage am Rand des Nationalparks und der hauseigene Park machen das Hotel *La Butte aux Bois* in Lanaken attraktiv. Top ist allerdings die Aroma- und Farbentherapie im Wellnesscenter, im Sommer inmitten blühender Blumen und Sträucher, zwitschernder Vögel und sanfter Luft → S. 89

AUFTAKT

ENTDECKEN SIE FLANDERN!

Flandern. Kaum fällt der Name von Belgiens nördlichem Landesteil, da tauchen deutliche Vorstellungen auf: Städte mit prächtigen Rathäusern, imposanten Glockentürmen – den Belfrieden, niederländisch *belforts* –, beschaulichen Beginenhöfen und lebhaften Marktplätzen. Museen voller Meisterwerke von Künstlern wie Hans Memling, Hubert und Jan van Eyck, Peter Paul Rubens und Anthonis van Dyck. Eine Küste, wo Gastfreundschaft das zuweilen miese Wetter ausgleicht. Dazu romanisch angehauchte, überschäumende Lebenslust, die sich in farbenprächtigen Umzügen, ausgelassenen Festen und kulinarischen Genüssen äußert.

Bei näherem Hinsehen fallen dann die Kontraste auf: zwischen Städten und Landschaften, Alt und Neu. Schon der Begriff Flandern führt ein wenig in die Irre: Erst im 19. Jh. setzte er sich zur Umschreibung der ganzen Region durch. Historisch umfasst er ein Stück der alten Grafschaft Flandern im Westen, ein Stück des früheren Herzogtums Brabant in der Mitte und einen Flickenteppich der ehemaligen Fürstentümer Lüttich, Limburg und Loon im Osten. Dennoch trotzten überall reiche Bürger den

Bild: Windmühle am Kanal bei Damme

Nordseeidyll mit Streifen: ein klarer Sommertag am Sandstrand von De Haan

adligen Herren weitreichende Freiheitsrechte für ihre mächtigen Städte ab. Geblieben ist davon bis heute eine ausgeprägte lokale Sichtweise. Levantinische Diamantenhändler in Antwerpen, Touristenmassen in Brügge, Studenten aus aller Welt in Leuven hin oder her – Flamen sind *honkvast,* Kinder ihrer Stadt oder ihres Dorfs. Nur selten ziehen sie um, oft pendeln sie zwischen Wohnort und weit entferntem Arbeitsplatz. Zum Lokalpatriotismus gehört eine Palette unterschiedlicher Zungenschläge. Mit nasalen Lauten verkündet der Antwerpener *sinjoor,* dass seine *metropool* den Nabel der Welt bildet. Zum sprichwörtlichen Geiz der Westflamen passen ihre Wortkargheit und abgehackten, gutturalen Klänge. Die Tradition der aufmüpfigen Arbeiter spiegelt der scharfe, metallische Zungenschlag der *gentenaars* wider, während die Limburger breit, weich und leicht singend reden, was wunderbar zu den *vlaaikes* genannten Obst- und Marmeladenkuchen passt.

> **Lokalpatriotismus und Limburger Obstkuchen**

862
Die Grafschaft Flandern entsteht (1056 französisches Lehen)

1106
Die Grafen von Leuven werden Herzöge von Brabant (deutsches Lehen)

1390
Brabant kommt zum Herzogtum Burgund

1435
Burgund erhält Flandern. Kulturelle Blüte

1500
Geburt Karls V. in Gent. Brüssel wird Hauptstadt

1585
Teilung der Niederlande, südlicher Teil spanisch

Zu Landschaft und Natur haben die meisten Flamen ein ambivalentes Verhältnis. Unbedingt wollen sie im Grünen wohnen, doch dann dulden sie in ihren Gärten nur selten Bäume. Dass ihrem Traum jährlich etwa 100 ha des sowieso spärlichen Waldbestands (150 000 ha oder 11 Prozent des Grundgebiets) zum Opfer fallen, beschert ihnen keine schlaflosen Nächte. An der Küste ragen triste Apartmentblöcke auf, und die letzten Dünen zwischen den Badeorten fallen von Weitem gar nicht mehr auf. Immer weiter fressen sich Neubauviertel und Campingplätze in die Polderlandschaft, die Autos verpesten die Luft.

Mit dem Wirtschaftswunder der Nachkriegszeit wurde Flandern zusehends zersiedelt. In den Außenbezirken der historischen Städte reihen sich an breiten Schnellstraßen Supermärkte, Niederlassungen großer Handelsketten, Autowerkstätten, kleine Fabriken. Wie die Industriellen der Gründerzeit bauen sich die Fabrikanten von heute ihre protzigen Villen neben den Betrieb. Berühmt ist der „Teppichbodenboulevard" an der Autobahn Gent–Kortrijk. Pfiffige Unternehmer erfanden eine neue Webtechnik und eroberten damit die Weltmärkte. Ihren Reichtum stellen sie ungeniert zur Schau: Kortrijk wartet mit vielen Luxusboutiquen auf, beim Pferderennen *Waregem Koerse* wird Ascot nachgeahmt.

Ein paar Kilometer weiter rümpfen Flamen und Auswärtige besonders bei warmem Wetter die Nase: *Het stänkt,* man riecht die Massenzucht von Geflügel, Schweinen und Kälbern, die Herstellung von Futtermitteln, die Verarbeitung von Mist und die Gülle in den Gewässern. Die Biolandwirtschaft hingegen kommt nicht voran, allen Werbekampagnen zum Trotz. Um gerade 8 Prozent ist sie im letzten Jahrzehnt gewachsen, auf 256 Höfe und 3822 ha – das sind kümmerliche 0,6 Prozent der Landwirtschaft. In Wallonien sind es genau zehnmal mehr.

1713 Spanische Niederlande werden österreichisch. Die österreichischen Niederlande werden 1795 von Frankreich annektiert

1815 Königreich der Vereinigten Niederlande

1830 Revolution, Belgien wird unabhängiges Königreich

1840 Entstehung der Flämischen Bewegung, Beginn des Sprachenstreits

1914–18 Deutsche Besetzung Belgiens, flämische Aktivisten kollaborieren in Hoffnung auf einen eigenen Staat

Allem Profitstreben und Laisser-faire zum Trotz gibt es in Flandern aber noch liebenswerte Fleckchen. Bei Knokke erstreckt sich das Zwin, ein sandiges Naturschutzgebiet, in dem zahlreiche Vögel brüten. Daran schließt sich eine romantische Polderlandschaft an, die schmale Kanäle und Sträßchen mit Kopfsteinpflaster durchziehen. Die Westhoek zwischen Ieper und Veurne vermittelt ein Gefühl der Weite, aus der geradezu majestätisch der Kemmelberg und andere Hügel aufragen, an deren Hängen gute Weine gedeihen. Doch stimmt die Gegend auch nachdenklich: Zahllose Soldatenfriedhöfe, vom imperialen englischen Tyne Cot bis zum deutschen von Vladslo, mahnen an Millionen Gefallene des Ersten Weltkriegs. Das Verdronken Land van Saeftinghe, ein Wattgebiet im Schatten der Raffinerien, Chemiewerke und Kernkraftwerke im Antwerpener Hafen, offenbart die herbe Poesie des *plat pays,* das Jacques Brel in einem berühmten Chanson besang. Südlich von Gent liegen die lieblichen Auen und Laubwälder um die Künstlerkolonie Sint-Martens-Latem. Im östlichen Haspengau dehnen sich schier endlos blühende Obstgärten aus, während in der Mitte von Limburg der Nationalpark Hoge Kempen mit seiner herb-romantischen Heidelandschaft geschaffen worden ist.

> ## Liebenswerte Fleckchen von der Küste bis zum Haspengau

Nicht nur Flanderns Städte und Landschaften, auch Gebräuche und Lebensweisen sorgen für Kontraste. Mitten im modernen Wirtschaftsleben bleiben alte Traditionen lebendig. In Brügge sorgt die Heiligblutprozession für intensive Momente, weltliche Feste wie die *Gentse Feesten* in Gent oder der Karneval in Limburg bringen ganze Gemeinschaften auf die Beine. In den Dörfern züchten Alt und Jung eifrig Brieftauben. Samstags werden sie in Lastwagen weit nach Frankreich gebracht, am Sonntag fliegen sie um die Wette zurück nach Hause. Eine andere beliebte Freizeitbeschäftigung ist der Radsport. Auch über die Leistungen der *flandriens,* der flämischen Radrennfahrer, wird ausgiebig an den Tresen diskutiert, wobei das Starkbier aus den örtlichen Brauereien in Strömen fließt.

Flandern bietet allerdings auch aufregende Avantgarde. Die Pop- und Rockszene bringt jedes Jahr neue Gruppen hervor, die oft den Weg zur internationalen Spitze schaffen. Festivals wie *Rock Werchter* bringen einheimischen Nachwuchs und internationale Stars zusammen. Antwerpens quirliges Nachtleben zieht am Wochenende

1940–44
Deutsche Besetzung Belgiens, flämische Nationalisten kollaborieren

1962
Festlegung der Sprachengrenze

1970
Die Umgestaltung des belgischen Zentralstaats zum Bundesstaat beginnt

1995
Erste Direktwahl des Vlaamse Raad (Landtag)

2010
Bei den belgischen Parlamentswahlen wird die separatistische N-VA stärkste Partei in Flandern (28 Prozent) und blockiert 400 Tage die Regierungsbildung

Kortrijk ist eine Wallfahrtsstätte für Liebhaber modernen Designs

viele Holländer an, in die Megadiskos bei Kortrijk strömen junge Franzosen aus dem benachbarten Großraum Lille. Seit die *Antwerp Six* auf der Londoner Modemesse 1986 Furore machten, gehören

Alte Kulturlandschaft und junge Avantgarde

ihre Kreationen fest zu Antwerpen und zu den Modenschauen von Mailand, New York und Paris. Scharen japanischer Touristen strömen in Modemuseum und -institut und in die Boutiquen von Ann Demeulemeester oder Dries Van Noten. Geradezu hellseherisch war Martin Margiela, der schon vor 20 Jahren für seine Kreationen alte Kleider und Stoffe recycelte. Und jetzt ist die strikte Fairtrade- und Ökolinie von Bruno Pieters wegweisend. Ebenso hat sich Kortrijk mit seiner *Biennale Interieur* zur Wallfahrtsstätte der Liebhaber von modernen Designmöbeln und -objekten gemausert. Arne Quinze ist hier das international bekannte Aushängeschild.

Ausdruckstanz und experimentelles Theater gedeihen ebenfalls vorzüglich in der alten Städtelandschaft. Nicht weniger ist die zeitgenössische bildende Kunst ein Exportschlager. Wie einst die vornehmen Patrizier sammeln auch Flanderns Neureiche eifrig, und längst nicht nur Einheimisches von Panamarenko oder Luc Tuymans. So merkwürdig es klingen mag: Gerade auf den künstlerischen und kulturellen Fortschritt wirkt sich die lokale Sichtweise segensreich aus. Jede Stadt, die auf sich hält, baut ihr Theater, Kunstmuseum, Kultur- oder Musikzentrum – nicht zuletzt auch zur Freude der Besucher. Sie entdecken in Kleinstädten Schätze und Talent, auch wenn die echte Szene in den Metropolen Antwerpen und Gent zu finden ist. Erkunden Sie die alte Kulturlandschaft, und versäumen Sie auf keinen Fall die Avantgarde!

IM TREND

1 Von der Rolle

Aktiv Nicht auf Inlineskates, sondern mit Rollschuhen machen sich die hippen Belgier auf zur Rollerparade *(www.belgiumrollers.com).* Dann verwandeln sich Hasselt, Antwerpen, Brüssel und der Badeort Koksijde zu rollenden Städten. Viel Action gibt es beim *Vlaamse Rollerbond (Leuvenselaan 467/14, Tienen, www.rollerbond.be).* Der Verband organisiert Rennen, Akrobatikwettbewerbe oder entspannte Ausfahrten für Rollschuhfahrer, Inlineskater und Skateboarder.

Schokoholiker

2

Kulinarisch Belgien ist bekannt für seine Schokolade, und zwar nicht mehr nur für klassische Kreationen, sondern auch für ganz Ausgefallenes. Bei Pierre Marcolini *(Avenue Louise 75M, Brüssel, Foto)* kommt beispielsweise rosa Pfeffer in die Praline, Frederic Blondeel *(Quai aux Briques 24, Brüssel)* setzt auf Basilikum oder Chili. Die Kreationen von Dominique Persoone *(The Chocolate Line, Simon Stevinplein 19, Brügge)* haben sich auch schon die Rolling Stones schmecken lassen. Wie wäre es mit Wasabi im Schokomantel?

3 Zum Leben erweckt

Kunst Comic-Charaktere existieren in Belgien nicht nur zwischen Buchdeckeln. In Brüssel verzieren sie Metrostationen – die Station Stockel ist mit *Tintin*-Bildern geschmückt – oder Wände, in Temse Heißluftballons *(www.flyingcomics.be).* Wer in der Hauptstadt weitere Comics entdecken will, macht sich auf den *Comic-Strip-Walk (Route unter visitbrussels.be, Foto),* der an der Place de la Bourse startet. Fans von Graphic Novels und Co. shoppen in Antwerpen im *Mekanik Comic Shop (Sint-Jacobsmarkt 73, www.ximeralabs.com/mekanik).*

Kreativer Kern

Dansaertviertel Das Viertel im Zentrum Brüssels mausert sich zum Trendbezirk. Viele Kreative sind in der Gegend zwischen Boulevard Anspach und dem Kanal zu Hause, sodass sogar der Boden der Dansaertstraße gemustert daherkommt. Entlang der Straße finden sich angesagte Läden, wie Idiz Bogams Vintage-Boutique *(Hausnummer 76)* oder das *Rue Blanche (Hausnummer 39–41)* mit seinen femininen Modekreationen. Ist das richtige Outfit gefunden, geht es zu *Madame Moustache (Quai au bois à brûler 5–7, Foto).* In der schummrigen Bar samt Lounge und Tanzfläche sorgen DJs dafür, dass die Nacht schneller vergeht, als einem lieb ist. Das Publikum ist jung und trendy.

Vintageträume

Auf Wiedersehen Liebhaber von Antwerpens großem Flohmarkt werden die *Vrijdagmarkt Appartements (Buchungen über www.i-escape. com)* lieben. Die Wohnungen sind in einem alten Stadthaus mit Blick auf den Markt untergebracht und mit kuriosen Möbelfunden aus den letzten Dekaden eingerichtet. Ob das Mobiliar im *Hotel Welcome (Quai au bois à brûler 23, Brüssel, www.hotel welcome.com)* auch vom Edelflohmarkt stammt? Zumindest hat jedes der 17 Zimmer seinen ganz eigenen Charakter. In Gent kann man schlafen wie in einem Museum. Nicht nur das im Art-déco-Stil gehaltene Gebäude des *L'Ecume des Jours (Krijgslaan 4, www.lecumedesjours.com)* ist ein Hingucker, sondern auch das Innenleben mit stimmiger Einrichtung und einer Kunstausstellung. Das passende Abendessen gibt es im *Volta (Nieuwe Wandeling 2B)*, das in einer alten Turbinenhalle untergebracht ist und Spannendes serviert.

STICHWORTE

AUSTERN & MIESMUSCHELN

Schalentiere gehören zur flämischen Alltagskost. Die meisten werden importiert, zusehends kommen jedoch auch einheimische auf den Markt. In der *Spuikom* hinter dem Hafen von Oostende – einem weiten Becken zwischen Hafen, Kanälen und Poldern mit einer besonderen Mischung von Meer- und Süßwasser – gedeihen inzwischen wieder die fabelhaften Austern, die bereits um 1900 als *Ostendaises* geschätzt wurden. Besondere Algen färben sie grünlich. Vor Nieuwpoort und Knokke wachsen an Gestellen mit langen Stahldrähten Miesmuscheln erster Qualität, fleischig sind sie und schön salzig. Auch hier steigt die Produktion von Jahr zu Jahr. Am Erfolg beteiligt

sind die Experten des *Vlaams Instituut voor de Zeevisserij* in Oostende, die derzeit über weiteren Zuchtprojekten brüten.

AUTOS

Vor dem Zweiten Weltkrieg wurde in Antwerpen eines der schicksten und teuersten Autos der Welt gebaut, das im gleichen Atemzug mit Rolls-Royce genannt wurde: der Minerva. Die Marke blieb nicht bestehen, wohl jedoch die Autoindustrie. Ford, Opel, Renault und Volvo bauten große Fabriken in Flandern. Jetzt knüpfen Flamen wieder an die Tradition an. Dirk van Braeckel arbeitete sich bei Audi hoch, verpasste dann Škoda ein neues Gesicht und stylt jetzt die aufregenden, neuen Luxuskarrossen von Bentley. Luc Donckerwolke hat ebenfalls

Austern, Beginen und Sprachenstreit: Überlieferte Traditionen und moderne Trends halten sich in Flandern die Waage

bei Audi und Škoda angefangen, dann die Linie bei Lamborghini und Seat bestimmt. Seit 2011 ist er Leiter des Advanced Design des Volkswagenkonzerns. Steven Crijns schneidert die Karosserien bei Lotus. Lowie Vermeersch leitete von 2007 bis 2011 Pininfarina. Seither entwirft er im eigenen Granstudio Karosserien.

BEGINEN

Um 1170 gründete Maria von Oignies in Lüttich die erste Beginen-gemeinschaft. Die Mystikerinnen aus der gesellschaftlichen Oberschicht legten, im Unterschied zu den Nonnen, nur die Gelübde des Gehorsams und der Keuschheit ab. Die Beginen verfügten frei über ihr Vermögen und wählten die „Große Dame" genannte Leiterin, die Rechenschaft schuldig war und abgewählt werden konnte. Auch die Geistlichen wählten sie nach Gutdünken. Die emanzipierten, karitativ tätigen Frauen hatten ihre eigene Gerichtsbarkeit und konnten die Gemeinschaft auch wieder verlassen. Im

Unterm Strich ein umstrittenes Hobby: der Wettkampf um den schönsten Finkengesang

20. Jh. starb die Bewegung aus. Geblieben sind die beschaulichen Beginenhöfe, Siedlungen oder kleine Städte in der Stadt, die meistens aus dem 18. Jh. stammen und zum Welterbe der Unesco gehören.

B. V.

Bekende Vlamingen, bekannte Flamen, bedeutet die geläufige Abkürzung. Bekannt ist, wer regelmäßig in einer der vielen flämischen Soaps und Shows und insbesondere in *praatprogramma's* (Gesprächssendungen) im Fernsehen auftritt. Das sind zunächst natürlich die Moderatoren und Moderatorinnen der Sendungen. Und dann Popsänger, Politiker, Schauspieler, Sportler, Chirurgen, Krimiautoren und Professoren, kurzum alle, die irgendeine mehr oder minder wichtige Stellung in der Gesellschaft haben und flott über Sex, Geld und Erfolg reden. Die unbekannten Flamen dürfen das nach Herzenslust im Radio tun. Wobei es keinen Unterschied zwischen öffentlich-rechtlichen (VRT) und Kommerzsendern (VTM) gibt. *Ik kwek, dus ik ben* – ich quassele, also bin ich –, kommentierte einmal eine kritische Kolumnistin. Schließlich haben Flamen weltweit den höchsten Pro-Kopf-Konsum an solchen Sendungen, 70 Prozent sehen bzw. hören sie täglich, im Durchschnitt zweieinhalb Stunden lang!

FINKENSPORT

Ein wenig im Verborgenen gehen schätzungsweise 20 000 Flamen einer Freizeitbeschäftigung nach, die schon 1595 in Ypern urkundlich belegt ist und sich in zahlreichen Redensarten niedergeschlagen hat. Im Frühjahr sperren sie Finkenmännchen in kleine Holzkäfige mit lediglich zwei Öffnungen für etwas Licht und Luft ein. Damit ziehen sie sonntags an einen ruhigen Straßen- oder Feldrand. Bald beginnen die Vögel um die Wette zu singen. *Suskewiet* müssen die Anwesenden hören, das gilt als echt flämischer Gesang (bei wallonischen Finken erklingt *djut*), und das am liebsten zwanzigmal pro Minute. Die Champions nehmen später an einem großen Wettbewerb teil. Der Sport des kleinen Mannes ist allerdings umstritten. Viele *vinkeniers (www.avibo.be)* wollen die Finken nicht züchten, weil ihre Champions dann nicht an den Wettbewerben teilnehmen könnten. Also werden Finken aus Russland importiert – oder in Belgien illegal gefangen, wogegen Vogelschützer heftig protestieren.

F LEMISH FOODIES

2003 entdecken die ersten Feinschmecker einen jungen Küchenchef, der in Dranouter, nahe an der französischen Grenze, regionale Produkte der Saison in aufregende Kreationen verwandelt: Kobe Desramaults. Die Kniffe der modernsten Techniken hat er bei Sergio Herman im *Oud Sluis* und in einem Trendrestaurant in Barcelona gelernt. Wie ein Archäologe geht er auf die Suche nach alten Rezepten und seltenen Gemüse-, Getreide- und Obstsorten, Fleischrassen, Käsesorten und Wildkräutern im Heuvelland. Er begeistert Landwirte für seine Funde und Ideen – und ein paar andere, brillante junge Küchenchefs. *The Flemish Primitives* nennen sie sich zuerst, dann *Flemish Foodies*. Erst machen sie in Brügge Furore, dann in Gent. Inzwischen beliefert der *Local Food Express* – das Netzwerk kleiner Bioproduzenten, das Kobe Desramaults im Heuvelland aufgebaut hat – ein Dutzend Restaurants täglich mit frischen Produkten, die so richtig schmecken.

F ÖDERALISMUS

Das 1830 entstandene Königreich Belgien war ein Zentralstaat wie Frankreich. Es zählte als untergeordnete Verwaltungseinheiten neun Provinzen, mit den französischen *départements* ver-

gleichbar. Seit 1970 wird das Königreich schrittweise zu einem Bundesstaat umgebaut. Es gibt vier Regionen (in etwa Bundesländern oder Kantonen entsprechend) mit direkt gewählten Parlamenten und mit Regionalregierungen: Brüssel, das Deutschsprachige Gebiet, Flandern und Wallonien. Flandern hat fünf Provinzen: Antwerpen, Flämisch-Brabant (Hauptstadt: Leuven), Limburg (Hasselt), Ostflandern (Gent) und Westflandern (Brügge).

J AINS

Geräuschlos sind sie ab Ende der 1970er-Jahre gekommen, Diamantenhändler aus dem westlichen indischen Bundesstaat Gujarat. Es sind Jains. Im Mittelpunkt ihrer Religion steht Gewaltlosigkeit, deshalb dürfen die Vegetarier sogar weder Wurzelgemüse noch Zwiebeln essen, denn darin könnte sich ein Tierchen verstecken. Die heute etwa 300 Familien kontrollieren drei Viertel des Antwerpener Diamantenhandels. Sie selber erklären ihren Erfolg mit dem Karma. Experten führen ihn auf ihre Idee zurück, auch winzige Steinchen in ihrer Heimat spottbillig schleifen und zu Schmuck verarbeiten zu lassen, rund um die Uhr per Computer zu handeln und über globale Netzwerke zu verfügen. Die geschlossene Community lebt im Villenbezirk Wilrijk, Mittelpunkt ihres Lebens sind der spektakuläre Tempel und das Kulturzentrum aus schneeweißem Marmor sowie der daneben liegende Cricketplatz *(Laarstraat 20 | short.travel/fla1).*

N EUREICH

Im 19. Jh. war Flandern eine arme, ländlich geprägte Region. Zahlreiche Flamen arbeiteten als Gastarbeiter in den wallonischen Kohlegruben oder als Saisonarbeiter in der nordfranzösischen Landwirtschaft. Legendär waren die flämischen Dienstmädchen und Putzfrauen, Bäcker und Metzger in Brüssel. Das änderte sich in den 1960er-Jahren. In Wallonien wurden alle Zechen stillgelegt und viele Stahlwerke geschlossen. In Flandern hingegen wurden die Häfen Antwerpen, Gent und Zeebrugge stark ausgebaut. Dort siedelten sich große Firmen wie BASF und Opel an. Fleißige Flamen gründeten kleine Unternehmen. Die Region blühte auf – so sehr, dass Arbeitskräfte aus Marokko und der Türkei angeworben werden mussten. Den neuen Reichtum präsentieren die Flamen selbstbewusst mit ihren Häusern und Villen, Autos und Yachten, Golfplätzen und Spitzenrestaurants.

POLYFONIE

Vom 14. bis zum 16. Jh. prägten die frankoflämischen Polyfonisten Europas musikalischen Stil. Ausgebildet wurden sie an den Kathedralen von Antwerpen, Brügge und Cambrai. Josquin Desprez, Adriaan Willaert und Orlando di Lasso machten mit ihren neuen, virtuosen mehrstimmigen Kompositionen Karriere an den Höfen von London bis Neapel. Zu den Höhepunkten gehören Orlando di Lassos „Tränen Petri" und seine Vertonungen von Petrarca-Gedichten. Seit 1964 bringt das *Festival Musica antiqua* in Brügge diese Musik zu Gehör und dank des internationalen Wettbewerbs immerzu neue, junge Interpreten aus aller Welt hervor. Der absolute Star ist Paul van Nevel mit seinem kristallklar singenden *Huelgas Ensemble.* Regelmäßig entdeckt der Flame in Archiven neue Partituren, oft von in Vergessenheit geratenen Polyfonisten.

SPRACHENSTREIT

Die offizielle Sprache im Königreich Belgien war Französisch – auch in Flandern. Flämischen Lehrern und Kaplänen

war das ein Dorn im Auge. Sie gründeten 1840 die Flämische Bewegung und verlangten die Anerkennung und Förderung der Muttersprache. Schließlich lebten schon damals im Königreich mehr Flamen als Frankofone. Je stärker sich die Demokratie durchsetzte – 1918 bekamen alle volljährigen Männer das allgemeine Wahlrecht, 1948 auch die Frauen –, desto mehr setzte sich Niederländisch in allen Bereichen des öffentlichen Lebens in Flandern durch. 1962 wurde die von alters her bestehende Sprachengrenze zwischen Flandern und dem frankofonen Teil Belgiens gesetzlich festgelegt. Brüssel und sechs Villenvororte, in denen überwiegend Französisch gesprochen wird, wurden offiziell zweisprachig. In ein paar Dörfern und Kleinstädten an der Sprachengrenze (beispielsweise Ronse in Ostflandern oder Enghien im Hennegau) kann die jeweilige Minderheit im Verkehr mit den Behörden oder im Unterricht die Muttersprache verwenden. Besucher werden feststellen, dass die Belgier im Alltag flexibel sind. Flamen werden in den Ardennen mühelos in ihrer Sprache bedient, Wallonen an der Küste auf Französisch.

TAALUNIE

Seit 1980 bilden Flandern und die Niederlande eine „Niederländische Sprachenunion". In einem bilateralen Vertrag einigten sie sich darauf, alle Fragen zur gemeinsamen Hochsprache Niederländisch auch gemeinsam zu regeln. 2003 trat die Republik Suriname der Taalunie bei. Namhafte Sprachwissenschaftler erkennen neue Begriffe an und erarbeiten Regeln, die das Parlament gesetzlich verankert und deren Einhaltung ein Generalsekretariat (mit Sitz in Den Haag) überwacht. Dennoch fällt auf, dass sich Flandern und die Niederlande unter dem Einfluss der modernen Medien sprachlich auseinanderentwickeln. In Flandern wird immer häufiger wieder Dialekt gesprochen, in den Niederlanden macht sich ein stark amerikanisch gefärbtes Holländisch breit. Flämische Filme und Fernsehserien bekommen inzwischen Untertitel, wenn sie in den Niederlanden ausgestrahlt werden.

TANZ & THEATER

Flämische Choreografen und Regisseure sind angesagt und jetten um den Globus. Jan Fabre, auch als bildender Künstler höchst erfolgreich, ist der absolute Star. Alain Platel und Wim Vandekeybus gehören zu den Topchoreografen – wie Anne Teresa De Keersmaeker, die in ihrer Tanzschule *P.A.R.T.S.* auch den Nachwuchs ausbildet. Zu den größten neuen Talenten zählt Sidi Larbi Cherkaoui. Guy Cassiers, Leiter von *Het Toneelhuis* in Antwerpen, und Jan Lauwers mit seiner *Needcompany* sind Lieblinge der internationalen Theaterfestivals. Um Inszenierungen von Guy Joosten und Ivo van Hove reißen sich die tonangebenden Opernhäuser der Welt. Luk Perceval ist seit 2005 Hausregisseur der Schaubühne am Lehniner Platz in Berlin. Der gefeierte

Autor heißt Tom Lanoye („Festung Europa", „Mephisto forever", „Schlachten!").

VLAAMS BELANG

1978 gründeten rechtsextremistische Flamen die Partei *Vlaams Blok.* Mit Parolen wie „Flandern flämisch!" oder „Ausländer raus!" gewann sie von Wahl zu Wahl mehr Stimmen. Aufrufe zu Rassismus führten 2004 zur Verurteilung durch den Obersten Gerichtshof, zur Namensänderung (Vlaams Belang) und zum besten Wahlergebnis: 24 Prozent bei den Regionalwahlen. 2006 leitete der rassistisch motivierte Mord eines Sympathisanten den Abschwung ein. Erst wechselten die Wähler, dann auch Parteifunktionäre zur *Nieuw-Vlaamse Alliantie (N-VA)* über. Sie wurde bei den belgischen Parlamentswahlen 2010 stärkste Kraft in Flandern (28 Prozent). Die Kommunalwahlen 2012 bestätigten den Trend, u. a. in Antwerpen (38 Prozent) stellt N-VA jetzt den Bürgermeister. Wichtigster Programmpunkt der N-VA ist die Zerschlagung Belgiens und die Gründung einer unabhängigen Republik Flandern. Ansonsten ist die N-VA vergleichbar mit der CSU zu Zeiten von Franz-Josef Strauß.

URBAN GARDENING

Als der EU-Regionalausschuss 2004 ein frisch renoviertes Gebäude an der Brüsseler Rue Belliard bezog, erregte die Fassade des Architekturbüros Art & Build Aufsehen: Hinter dem Glas wuchern Bambussträucher, die im Inneren die Luftqualität verbessern – eine originelle Art vertikaler Begrünung. Das Beispiel macht inzwischen Schule. In Brüssel, Gent und Antwerpen werden Flachdächer, Terrassen und kleine Balkons in Wiesen und Gemüsegärtchen verwandelt, dazwischen Bienenstöcke aufgestellt. An Parkecken, auf Trümmergrundstücken, in leer stehenden Fabrikhallen entstehen, zum Teil mit aktiver Unterstützung der Kommunalverwaltung, kollektive Schrebergärten. Jäten, Säen und Ernten – und manchmal anschließendes Kochen und Essen – fördern nicht zuletzt den sozialen Kontakt in der anonymen Großstadt.

ESSEN & TRINKEN

Wer kennt sie nicht, die üppigen Gemälde flämischer Meister, die vom Essen und Trinken erzählen? Jan Fyt und Frans Snijders glänzten mit Wildbret-Stillleben, Pieter Aertsen und Joachim Beuckelaer schufen sogar das Genre der Küchen- und Vorratskammerszenen.

Die Bruegel- und die Teniers-Dynastie verewigten unzählige Festmähler. Viel später erregte James Ensors „Austernesserin" Anstoß, weil sie sich so hemmungslos dem Genuss der Schalentiere hingibt.

Heute wird die Leidenschaft der Flamen für gutes Essen und Trinken nicht mehr gemalt, sondern im Fernsehen dokumentiert. Jede Anstalt hat ihren eigenen Koch oder Bäcker, Wim Ballieu, Piet Huysentruyt, Wim Meeus und Peter van As-

broeck zählen zu den *Bekende Vlamingen*. Ihre Kochbücher finden reißenden Absatz. Sendungen mit Wettbewerbscharakter wie „De beste hobbykok van Vlaanderen", „Mijn restaurant" oder „Komen eten" erzielen Top-Einschaltquoten. Sternekoch Peter Goossens hat sogar seinen eigenen Kochkanal *Njam* gegründet. Jede Tageszeitung, jede Zeitschrift hat eine Restaurantrubrik.

Zwar wird wochentags durchweg einfach und schnell gekocht und gegessen, zumal Schüler und Berufstätige mittags in der Kantine oder einer Snackbar essen, aber am Wochenende wird aufgeholt. Die Restaurants sind ausgebucht, der Samstagabend im Freundeskreis und das Sonntagsmahl mit der Familie haben Tradition. Dann frühstücken manche Fla-

Bild: „Mechelse Koekoek"

Von Schlemmern und Prassern: Flanderns Küche hält zahlreiche Köstlichkeiten bereit – von deftig bis elegant

men auch zünftig mit gebratener Blut- und Weißwurst, mit Speck, Rührei und Käse. Oder elegant mit Croissants und *pateekes* (Törtchen). Ebenfalls beliebt ist *krentenbrood,* ein lockeres Rosinenbrot, das mit frischer Landbutter bestrichen wird. Zum Wochenendritual gehört unbedingt ein Besuch in der Gaststätte – *café* genannt –, wo man beim Schwatz ein kräftiges Bier trinkt.

Besonders bei Familienfesten und an Feiertagen geht es hoch her. Dann erweisen sich die Flamen als echte *lekkerbek-ken,* Schleckermäuler. Wer auswärts essen geht, hat die Qual der Wahl vom einfachen *eetcafé* bis zum piekfeinen Sternerestaurant eines kreativen Küchenchefs. Kein Wunder, dass es gerade auch in Kleinstädten und auf dem Land viele Gourmettempel gibt, die mit einheimischen Produkten die Kunst der Haute Cuisine zelebrieren. Besonders hier gilt: Was gut ist, darf auch etwas kosten. Ein Tipp: Die meisten Sternerestaurants servieren mittags einen Lunch, der viel günstiger ausfällt als das abendliche

SPEZIALITÄTEN

▶ **Asperges à la flamande** – Spargel in geschmolzener Butter mit hart gekochten, gehackten Eiern und Petersilie

▶ **Cabillaud à la bière** – Kabeljau, in Bier mit Speckstückchen gegart

▶ **Carbonnades flamandes** – Rinder- oder Schweinegulasch, mit Gemüse in Bier geschmort (auch *stoofvlees* genannt; Foto re.)

▶ **Faisan à la brabançonne** – gebratener Fasan mit geschmortem Chicorée

▶ **Garnaalkroketten** – Rahmkroketten mit Nordseegarnelen

▶ **Hutsepot** – Eintopf mit verschiedenen Fleisch- und Gemüsesorten

▶ **Konijn op z'n Vlaams** – in Bier geschmortes Kaninchen, manchmal mit Backpflaumen oder Sauerkirschen

▶ **Mechelse Koekoek** – feines Hühnchen, in Bier mit Räucherspeck geschmort oder in Sahnesauce mit Pilzen

▶ **Mosselen met frietjes** – im Gemüsesud (auch mit Weißwein) gegarte Miesmuscheln (Foto li.), dazu Pommes frites

▶ **Paling in 't groen** – Aal in sämiger Petersiliensauce

▶ **Pens** – Blutwurst oder Weißwurst, oft gegrillt, mit Apfelkompott und Kartoffelpüree

▶ **Rijstpap** – Milchreisbrei mit Vanille, manchmal mit Safran oder Rosinen

▶ **Rog met kapertjes** – Rochenflügel, in Butter gebraten und mit Kapern serviert

▶ **Schelvis in mosterdsaus** – gedämpfter Schellfisch in Senfsauce

▶ **Sole meunière** – in Butter gebratene Seezunge

▶ **Sole ostendaise** – gedämpfte Seezunge in Sahnesauce mit Meeresfrüchten

▶ **Tomates crevettes** – mit Garnelen gefüllte rohe Tomaten

▶ **Vleesballetjes met krieken** – kleine Hackfleischklöße in Sauerkirschsauce

▶ **Waterzooi** – Fisch oder Huhn, mit Gemüse und Sahne zu einer Suppe gegart

▶ **Witloof** – Chicorée, gedünstet, gebraten oder mit Schinken und Käse überbacken

Menü. Und das Menü ist immer viel preiswerter als drei Gänge à la carte. Bereits der flüchtige Blick auf eine beliebige Speisekarte zeigt: Fisch und Fleisch halten sich die Waage. Täglich wird der Fang einheimischer Fischer zu den Spezialmärkten in Oostende, Nieuwpoort und Zeebrugge gebracht. Scholle, Seezunge und Garnelen kommen aus den eigenen Küstengewässern, Kabeljau, Schellfisch und Hering aus der hohen Nordsee. Hummer, Muscheln und Austern werden aus Frankreich und Zeeland importiert. Eine inzwischen auch im Ausland geschätzte, teure Delikatesse ist der *Royal Belgian Caviar* einer Störzüchterei in Turnhout. Für ausländische Gaumen besonders apart: Fisch oder Muscheln in Bier oder mit Käse.

Beliebte Fleischsorten sind Rind (die feinste Rasse ist das einheimische *Blanc-bleu belge*), Schwein, Pferd, Kaninchen und Huhn sowie die einheimischen Wildarten Ente, Hase und Fasan – auch sie werden oft in Bier geschmort. Dazu werden Kartoffeln serviert, von mehligen Salzkartoffeln über sahniges Püree bis zu knusprigen Kroketten und goldgelben Pommes frites.

Allen Trends wie *Veggiedag, Flemish Foodies* oder *Urban Gardening,* allen Ermahnungen in Fernsehen und Kochbüchern zum Trotz: Auf den Tisch der Flamen kommt durchweg nur wenig Gemüse und Obst, obwohl es in der Region in Hülle und Fülle produziert wird. Ausnahmen wie Spargel und Chicoree oder die himmlischen Léopold-Tafeltrauben aus den Gewächshäusern von Hoeilaart bestätigen die Regel: *Da 's voor de gâât,* Gemüse und Obst sind für Ziegen. Saisonale Bioprodukte, zu deren Konsum regelmäßig Werbekampagnen anregen, kauft nur eine kleine Elite in den Großstädten.

Zum guten Essen bevorzugen die Flamen traditionell Bordeaux-Weine. Doch der – beachtliche – Konsum von Wein liegt weit unter dem der einheimischen Biere. Zwar hat längst nicht mehr jedes Dorf seine eigene Brauerei, aber die Vielfalt ist größer als in anderen Ländern. Pils, *kriek* (mit Kirschsaft vergoren) und *witbier* (gewürztes, trübes Weizenbier) löschen plötzlichen Durst. Die starken, hellen Biere wie *Duvel* oder *Delirium*

tremens beflügeln die Konversation, während die dunklen, aromatischen, hochprozentigen Abteibiere Genießer ansprechen. Die besten Sorten brauen die strengen Trappistenpater selbst und im Kloster (in Achel, Westmalle und Westvleteren). Feinschmecker schwören auf die Kombination von schwerem Bier und weichem Käse. *Brugs beschuit,* ein leicht gewürzter, süßer Zwieback, macht den Genuss vollkommen.

Gemütliche Kaffeepause in Gent

In manchen Teilen Flanderns haben sich auch noch zwei andere Spezialitäten erhalten: Genever, ein mit Wacholderbeeren aromatisierter Kornschnaps, ist vor allem in Limburg und Ostflandern populär, sowohl als Aperitif als auch zur Verdauung nach dem Essen ist ein gut gekühltes *borreltje* beliebt. Ältere bürgerliche Damen nippen von Zeit zu Zeit an einem Gläschen *Elixir d'Anvers* bzw. *Elixir Oud Gent* (Kräuterlikör).

EINKAUFEN

Die Geschäfte sind meist Mo–Sa 10–18 Uhr geöffnet, Shoppingcenter 9–19 bzw. 20 Uhr. In den Großstädten haben viele Bäcker, Metzger und Tante-Emma-Läden auch So geöffnet, in den Badeorten auch manche Boutiquen. Weit verbreitet sind Nightshops. In Kleinstädten und Dörfern sind fast alle Läden mittags geschlossen.

ANTIQUITÄTEN

In Flandern finden Sie feinste Antiquitätenläden, insbesondere in Antwerpen und Brügge. Preiswerteren Trödel bieten der Sonntagsmarkt in Tongeren, die Wochenendmärkte in Antwerpen und Gent und die *Rommelmarkten* (besonders im Frühjahr/Herbst in allen Städten).

KULINARISCHES

Beliebte Mitbringsel sind die handwerklich hergestellten Starkbiere und die dazu gehörenden Gläser von Kleinbrauereien oder den Trappistenklöstern Achel, Westmalle und Westvleteren sowie ausgefallene Pralinen kreativer Confiseure. Die fein gewürzten *speculoos*-Kekse und der kräftige Honigkuchen *peperkoek* zählen ebenfalls zu den Klassikern. Beauvoorde und Ieper sind berühmt für Fleischpaste-

ten und Käse. Aromatische Rohmilchkäse reifen ferner in Gent *(Het Hinkelspel)* und Limburg *(Kaasmakerij Catharinadal)*. In Gent und Tongeren stellen kleine Häuser seit Generationen scharfen Senf her, in den auch Gemüse *(pickles)* oder Früchte *(mosterdfruit)* eingelegt werden.

Der Haspengau produziert frische Obstsäfte, exquisiten Chardonnay-Wein, köstliche Marmelade und aromatischen Apfel- oder Birnenbranntwein. Die teuersten Früchte reifen in Gewächshäusern in Hoeilaart und Overijse südlich von Brüssel: dicke, süße Tafeltrauben, die vornehm in Seidenpapier verpackt werden. In Gent und Hasselt wird der Kornschnaps *Genever* gebrannt, oft parfümiert mit Wacholderbeeren, Apfel oder Zitrone. Nach Zitrusfrüchten duftet auch der Likör *Elixir d'Anvers.* Exklusiv ist der **INSIDER TIPP** *Royal Belgian Caviar* aus Turnhout, ausgefallen der nach der Champagnermethode hergestellte Schaumwein *Chardonnay Meerdael* (Oud-Heverlee bei Leuven), *Wiscoutre Brut* (Heuvelland) oder *Rosé Parel Brut* (Genoels-Elderen, Limburg).

KUNST & DESIGN

Hoch ist die Dichte der Galerien in Antwerpen und Gent, und hoch sind durch-

Delikatessen und Design: Ob süße Köstlichkeiten, Topmode oder Elektrosound – Flanderns Spezialitäten verführen garantiert

weg auch die Preise. Viel günstiger ist Grafik sogar bekannter Künstler zu haben: in den **INSIDER TIPP** Shops der Museen für moderne Kunst (MuHKA Antwerpen, Mu.Zee Oostende, S.M.A.K. Gent). Flämisches Design ist ein Geheimtipp. Es muss nicht gleich eine teure Couch von Arne Quinze sein; der Star fabriziert auch nette Beistelltische oder Hocker. Junge Flamen entwerfen in kleinen Serien tolle, erschwingliche Liebhaberobjekte wie Kerzenleuchter, Obstschalen und Vasen. Top ist Bram Boo. Nicht zu vergessen: aus feinstem Leinen gefertigte Bett- und Tischwäsche der westflämischen Traditionshäuser *De Witte Lietaer* oder *Libeco*.

MODE

Die Antwerpener Modeschöpfer haben ihre Stadt zum Mekka der *fashion victims* gemacht. Ann Demeulemeester, Dries Van Noten, aber auch Nachwuchstalente haben schicke Boutiquen. **INSIDER TIPP** Bruno Pieters hat mit seiner Linie „Honest by" den neuen Trend von Mode nach Fairtrade- und Ökologieregeln kreiert. Rasend populär sind die Rucksäcke von Hedgren, Kipling und Eastpak. Verwöhnte Fashionistas werden auch in Knokke-Het Zoute fündig, in Hasselt gibt es eine bescheidenere Szene.

MUSIK

In den Sparten Chanson, Pop und Rock gibt es starke Flamen. Arno singt gern über das Oostende von anno dazumal, Flip Koweliers und die *Fixkes* nuscheln Liebeslieder oder Protestsongs auf Westflämisch. Ozark Henry ist top in softem Pop. Helmut Lotti rührt ältere Leute, *Clouseau* oder *dEUS* sind Lieblinge der mittleren Generation. Angesagt bei jungen Leuten sind der gebürtige Puerto Ricaner Gabriel Ríos, *Gotye*, *Milow* und *Netsky*. Internationale Klasse hat der Elektrosound von *Hooverphonic*. Die besten Plattenläden gibt's in Antwerpen, Brügge, Gent und Hasselt.

DIE PERFEKTE ROUTE

FLANDERNS WURZELN

1 *Tongeren* → S. 89 ist der ideale Startpunkt: Flanderns älteste Stadt wurde 55 v. Chr. von den Römern gegründet. Das *Gallo-Romeins Museum* führt lebendig in die Geschichte ein. Die nebenan aufragende *Onze-Lieve-Vrouwebasiliek* war im 4. Jh. der erste Bischofssitz der Region. Auf dem Weg zum Bahnhof sollten Sie bei *Blanckaert* ein *Limburgs Vlaaike* (Obstkuchen) probieren. Dann bringt Sie der IC durch Felder, Wiesen, Wälder und sogar Weinberge nach **2** *Leuven* → S. 64. Die Studenten der seit 1425 bestehenden Universität bringen Leben in die Kleinstadt. Gotisches *Stadhuis* und *Sint-Pieterskerk* erinnern daran, dass hier die Wiege des Herzogtums Brabant stand. Von Leuven fahren Sie mit dem IC über den Bruxelles Aéroport National und Mechelen nach Antwerpen.

BAROCK, BRILLANTEN UND MODE

In **3** *Antwerpen* → S. 68 werden Sie von der imposanten *Centraal Station* und der hektischen *Diamantwijk* in ihrem Schatten empfangen. Die Flanier- und Shoppingmeilen De Keyserlei und Meir führen zu *Onze-Lieve-Vrouwekathedraal* und *Grote Markt* (Foto o.). Das *MAS (Museum aan de Stroom)* gewährt einen Panoramablick auf Stadt, Hafen, Umland und das Trendviertel *'t Eilandje*. Ein Kontrastprogramm bieten danach ein Besuch im barockzeitlichen *Rubenshuis* und ein Shoppingbummel durch die Modemeile um die Nationalestraat. Wenige Schritte von Ann Demeulemeesters Boutique können Sie in der angesagten Weinbar *The Glorious* entspannen.

KULTUR UND KULINARISCHES

Fabriken und Großgärtnereien säumen die Bahnstrecke von Antwerpen nach **4** *Gent* → S. 48. Mit der Tram 1 fahren Sie vom Art-déco-Bahnhof zum *S.M.A.K.* mit seiner Sammlung zeitgenössischer Kunst. Durchs quirlige Universitätsviertel gelangen Sie zur *Sint-Baafskathedraal* mit dem weltberühmten Genter Altar. Unterwegs sollten Sie bei *Yuzu* originelle Pralinen kaufen und dann, nach dem Spaziergang vorbei am *Belfried* und an der *Sint-Niklaaskerk*, bei *Vve. Tierentyn-Verlent* scharfen Senf. Auf dem Weg zum *Gravensteen* empfiehlt sich ein Schlenker zum *Designmuseum*. Danach haben Sie einen Cocktail mit Genter Genever im *Jigger's* verdient, bevor Sie im *j.e.f.* flämische Avantgardeküche kennenlernen.

AN DIE NORDSEEKÜSTE

Auf der Fahrt im IR nach De Panne ziehen das liebliche Leietal und später die herbe Polderlandschaft an Ihnen vorbei. Die ruhige Stadt ❺ *Veurne* → S. 47 lohnt einen Zwischenstopp, um Turm und Platz zu entdecken, die Rainer Maria Rilke zu Gedichten inspirierten. Am Bahnhof De Panne steigen Sie auf die Kusttram um. Vorbei an Apartmentblöcken, Dünen und Stränden, dem Yachthafen von Nieuwpoort und den Resten des Atlantikwalls gelangen Sie nach ❻ *Oostende* → S. 44. Im Restaurant *Ostend Queen* genießen Sie Panorama und Fischgerichte. Ein Besuch im *James Ensorhuis* ruft die Belle Époque in Erinnerung. Die ist in ❼ *De Haan* → S. 41 (Foto li. u.) noch vollkommen intakt. Am Bahnhof Blankenberge steigen Sie schließlich in den IC nach Brügge um.

FLANDERNS SCHÖNSTE STADT

In ❽ *Brügge* → S. 32 spazieren Sie im Grünen über Begijnenvest zum romantischen *Minnewater* und von dort zum beschaulichen *Begijnhof.* Dann folgen Sie dem Besucherstrom zur *Onze-Lieve-Vrouwekerk,* wo Sie sich schon ein bisschen Zeit für Michelangelos Madonna nehmen sollten, und weiter zu *Markt* und *Belfried.* Auf dem Weg zur *Sint-Sebastiaansgilde* können Sie in aller Ruhe Patrizierpalais und Plätze, Kanäle und Arbeiterhäuschen betrachten und sich im Restaurant *Refter* mit Brügger Spezialitäten stärken. Vor der Rückfahrt unbedingt bei *Juliette's* ausgefallenen Spekulatius und Honigkuchen kaufen!

400 km. Reine Fahrzeit sechs Stunden. Detaillierter Routenverlauf auf dem hinteren Umschlag, im Reiseatlas sowie in der Faltkarte

BRÜGGE UND WESTFLANDERN

Westflandern ist durch und durch eine Tourismusprovinz. Wie ein Magnet zieht das mittelalterliche Brügge jährlich Millionen Besucher aus aller Welt an.
Kleinere Städte wie Veurne erfreuen sich ebenfalls großer Beliebtheit. Dahinter folgt der 64 km lange Küstenstreifen, auf der einen Seite von Oostende die *Oostkust,* auf der anderen die *Westkust.* Auch wenn die Küste chaotisch zugebaut ist, lieben die Belgier sie über alles: das diffuse Licht und die kräftige Brise am Ärmelkanal, das fröhliche Treiben am Strand und auf den Promenaden. Entlang der ganzen Küste fährt die moderne Kusttram, ihre 70 Haltestellen liegen nahe bei den Stränden und Ortszentren. Zwischen Küste und Kunststädten erstrecken sich weite Polder mit romantischen

Kanälen, schmucken Dörfern und stattlichen Kirchen. Sanft gehen die Polder im Südwesten in die Hügellandschaft am Kemmelberg über. Dort gedeiht der Hopfen für kräftige Biere, erinnert der blau blühende Flachs daran, dass Tuche und Tuchhandel Westflandern einst ungemein reich werden ließen.

BRÜGGE

KARTE IM HINTEREN UMSCHLAG
(125 D2) *(D4)* „**Brugge die Scone**", das Schöne Brügge, nennen die „**Bruggelingen**"– 35 000 Ew. sind es im historischen Kern – ihre Stadt.
In keiner anderen Flanderns gibt es so viele gut erhaltene alte Bauten. Verspielt

Kultur und Natur: In Westflandern locken rote Mauern, weiße Strände und die grüne Polderlandschaft

CITY WOHIN ZUERST?

Marktplatz: Alle Wege führen zum Markt mit dem Belfried. Stadhuis, Onze-Lieve-Vrouwekerk und Beginenhof sowie das Einkaufsviertel sind von hier aus zu Fuß zu erreichen. Ihr Auto stellen Sie am besten in einem der Parkhäuser am Bahnhof oder unter dem Zand ab. Von dort fahren Busse der Linien 0, 1, 3, 4, 6, 11, 12 und 13 zum Marktplatz.

spiegeln sich die Fassaden in den Grachten, majestätisch treten die Türme aus dem Stadtbild hervor. Die Pracht verdankt die Stadt ihrem Hafen im Mittelalter. Damals war Brügge die Drehscheibe zwischen den nordeuropäischen Hansestädten und den Metropolen Südeuropas. Kaufleute und Bankiers beschäftigten die größten Künstler der Zeit: Hans Memling, Jan van Eyck, Michelangelo. Dann versandete der Zugang zur Nordsee, und die Metropole fiel in einen Dornröschenschlaf. Erst im 19. Jh. lebte

Der Begijnhof ten Wijngaarde ist eine kleine, beschauliche Stadt in der Stadt

die Stadt dank des neuen Hafens Zeebrugge wieder auf. Alt und Neu bilden eine harmonische Kulisse. Hinter den Fassaden warten zahllose Kunstwerke darauf, entdeckt zu werden – und abends Kultur und Vergnügen.

SEHENSWERTES

BEGIJNHOF TEN WIJNGAARDE ★
Zeitlos wirken die weiß gekalkten Häuser – sie gruppieren sich um die weite Rasenfläche, auf der im Frühjahr Osterglocken blühen. Heute leben und beten hier Benediktinerinnen. *Tgl. 6.30–18.30 Uhr | Wijngaardstraat*

BELFORT EN HALLEN ★ ☀
Die Bürger von Brügge errichteten im 13. Jh. ihren gewaltigen, den weiten Marktplatz beherrschenden Belfried mit Tuchhalle. In der Schatzkammer des zweiten Stocks werden die Urkunden mit den Stadtrechten aufbewahrt. Von der Aussichtsplattform am Glockenspiel bietet sich ein herrlicher Blick. Es finden regelmäßig Konzerte statt. *Belfried tgl. 9.30–17 Uhr, Konzerte 15. Juni–Sept. Mo, Mi, Sa 21 Uhr, Okt.–14. Juni Mi, Sa 14.15 Uhr | Eintritt 8 Euro | Markt*

INSIDER TIPP ▶ FRIETMUSEUM
In einem prächtigen Handelskontor aus dem 14. Jh. werden die Ursprünge der Kartoffel in Peru, Verbreitung und Anbau, die belgische Erfindung der Fritten und ihr Siegeszug – auch in Kunst und Comics – dokumentiert. Im Keller gibt's Kostproben. *24.–26. Dez. und 31. Dez.–15. Jan. geschl., sonst tgl. 10–17 Uhr | Eintritt 6 Euro | Vlamingstraat 33 | www.friet museum.be*

GROENINGEMUSEUM ★

In weißen Räumen zeigt das Kunstmuseum Meisterwerke der altniederländischen Malerei. Zu den Glanzlichtern gehören die „Madonna des Joris van der Paele" von Jan van Eyck und das „Jüngste Gericht" von Hieronymus Bosch. Auch Werke des 17. bis 20. Jhs. und Arbeiten des in Brügge geborenen Jugendstilkünstlers Frank Brangwyn sind hier zu sehen. *Di–So 9.30–17 Uhr | Eintritt 8 Euro | Dijver 12*

HEILIG BLOEDBASILIEK

Das Erdgeschoss ist Brügges älteste Kirche (Baubeginn 1139). Das auf massigen Säulen ruhende Gewölbe und die Seitenkapellen sind in strengem romanischem Stil ausgeführt. Darüber wurde später ein weiterer Raum gebaut. Hier wird eine Reliquie verehrt, in der sich ein Tropfen Christi Blut befinden soll. *Tgl. 9.30–12 und 14–17 Uhr | Eintritt frei | Burg*

MEMLINGMUSEUM

Das Museum in der Kapelle des romanischen *Sint-Janshospitaal* führt in Leben und Kunst des mittelalterlichen Brügge ein. Höhepunkt sind sechs Werke von Hans Memling, darunter der „Ursulaschrein" mit seinen Miniaturen. Sehenswert sind auch die Apotheke und die Verwaltungsbüros. *Di–So 9.30–17 Uhr | Eintritt 8 Euro | Mariastraat 38*

INSIDER TIPP MUSEUM SINT-SEBASTIAANSGILDE

Im Bau der uralten Handbogenschützengilde illustrieren Dokumente und kostbare Geschenke Brügges Bedeutung. Belgiens König und die englische Monarchin sind Gildenmitglieder. Romantisch ist der große ● Garten mit Blick auf die Windmühlen am Kanal und den Renaissanceturm des Schützenhauses. Jede Viertelstunde unterbricht das zarte Glockenspiel die himmlische Ruhe. *Juni–Sept. Di–Do 10–12, Sa 14–17 Uhr, Okt.–Mai Di–Do, Sa*

MARCO POLO HIGHLIGHTS

14–17 Uhr | Eintritt 3 Euro | Carmersstraat 174 | www.sebastiaansgilde.be

ONZE-LIEVE-VROUWEKERK ★

Die gotische Liebfrauenkirche mit ihrem markanten, spitzen Turm wartet auf mit der lieblichen „Madonna mit Kind" von Michelangelo und den eindrucksvollen, in Marmor und Messing gearbeiteten Grabmälern von Herzog Karl dem Kühnen von Burgund und seiner Tochter Maria von Burgund. *Di–Sa 9.30–17, So 13.30–17 Uhr | Eintritt 4 Euro | Mariastraat*

STADHUIS ★

Brügge besitzt das älteste Rathaus Belgiens (1376). Eine monumentale Treppe führt von der Halle in den Gotischen Saal mit einem reich geschnitzten, bemalten, vergoldeten Holzgewölbe und alten Plastiken. Im linken Flügel, dem *Brugse Vrije*, wurden die Territorien der Stadt verwaltet und Urteile gefällt. Die Schöffen tagten im prunkvollen Renaissancesaal mit seinem gewaltigen Kamin und den mit Tapisserien bespannten Wänden. *Tgl. 9.30–17 Uhr | Eintritt 2 Euro | Burg*

Anmutiges Bildnis in Brügges Liebfrauenkirche: die „Madonna mit Kind" von Michelangelo

SINT-SALVATORSKATHEDRAAL

Über dem prächtigen Chorgestühl der Erlöserkathedrale erinnern Wappen an die 13. Sitzung des exklusiven Ritterordens vom Goldenen Vlies. Sehenswert: die Brüsseler Tapisserien mit Szenen aus dem Leben Christi sowie die Renaissance-Retabel, Reliquienschreine und Grabmäler in den Seitenkapellen des Chors. *So–Fr 14–17 Uhr | Eintritt 2,50 Euro | Sint-Salvatorskerkhof*

ESSEN & TRINKEN

INSIDER TIPP ▶ DE HALVE MAAN

In Gemäuern aus dem 19. Jh. werden die feinen, aber alkoholreichen Biere *Brugse Zot* und *Straffe Hendrik* gebraut. Dazu kommt sowohl in der Taverne als auch im netten Biergarten schmackhafte Hausmannskost auf den Tisch. *Tgl. | Walplein 26 | Tel. 050 44 42 22 | www.halvemaan.be | €*

BRÜGGE UND WESTFLANDERN

HERTOG JAN
Gert De Mengeleer ist ein führender Vertreter der molekularen Küche. Von den Tischen an der Glaswand zur Küche aus können Sie seine Präzisionsarbeit beobachten. Beeren, Gemüse und Kräuter kommen taufrisch vom nahe gelegenen eigenen Bauernhof. *So/Mo geschl. | Torhoutsesteenweg 479 | Tel. 050 67 34 45 | www.hertog-jan.com | €€€*

PÂTISSERIE SERVAIS VAN MULLEM
Elegantes Café am Theater. Köstliches Gebäck, dezente klassische Musik, stilvolle Bedienung. *Di geschl. | Vlamingstraat 56 | Tel. 050 33 05 15*

INSIDER TIPP ▶ REFTER
Sternekoch Geert van Hecke serviert in seiner schicken Dependance pfiffige Brasseriegerichte. Ein herrlicher Platz ist die Terrasse. *So/Mo geschl. | Molenmeers 2 | Tel. 050 44 49 00 | www.bistrorefter.com | €€*

EINKAUFEN

Das Einkaufsviertel liegt zwischen *Noordzandstraat, Geldmuntstraat, Zuidzandstraat* und *Steenstraat.* Das Angebot ist auf Massentourismus ausgerichtet, einige feinere Läden liegen in der Nähe des *Markt.*

CALLEBERT
Hier finden Sie eine Riesenauswahl an (kleinen) Designobjekten. Es gibt auch eine große Abteilung für Kinder. Regelmäßig Ausstellungen, Café und Winebar auf der Dachterrasse. *Wollestraat 25 | www.callebert.be*

HOET (THEO)
Wer in Flandern in sein möchte, kauft sich hier die extravagante (Sonnen-)Brille. *Vlamingstraat 19*

INSIDER TIPP ▶ JULIETTE'S ☺
Ausgefallen gewürzter Spekulatius und Honigkuchen wird in diesem kleinen Laden aus Bioprodukten hergestellt und stilvoll verpackt. *Wollestraat 31A*

ROMBAUX
Traumhafte Auswahl an LPs und CDs, von Klassik bis Pop. *Mallebergplaats 13*

FREIZEIT & WELLNESS

BRUGS OMMELAND
Die stimmungsvolle Umgebung von Brügge – mit Kanälen, Poldern, Schlössern und Wäldchen – ist ideal für Fahrradtouren. Der *Fietspunt Rent-a-bike (Mo–Fr 7.30–19 Uhr, Sa–So 9–21.40 Uhr)* neben dem Bahnhof vermietet Räder (Preis pro Tag 12 Euro), im *Infokantoor* nebenan gibt es eine detaillierte Karte (gratis).

INSIDER TIPP ▶ SENSES
Das Wellness- und Schönheitsinstitut gehört zu den wenigen, die Behandlungen und Massagen mit Schokolade und Kakaobutter anbieten. *Torhoutsesteenweg 503 | Tel. 050 30 05 35 | short.travel/fla2*

AM ABEND

Brügge ist nachts beileibe nicht tot. Am *Eiermarkt,* in der *Kuipersstraat* und in der *Langestraat* locken zahlreiche Lokale mit unterschiedlichen Musikfarben die jüngeren Nachtschwärmer an, besonders Do–Sa.

CONCERTGEBOUW
Im großen und im kleinen Saal des eindrucksvollen Konzerthauses der Architekten Robbrecht & Daem steht hauptsächlich klassische Musik auf dem Programm. Nicht verpassen: Jos van Immerseel und sein Hausorchester *Ani-*

ma Aeterna. 't Zand 34 | Tel. 070 22 33 02 | www.concertgebouw.be

ENTREPOT

In der alten Lagerhalle auf dem Hafengelände finden am Wochenende die coolsten Partys mit Livemusik unterschiedlicher Richtungen statt. *Binnenweg 4 | www.hetentrepot.be*

INSIDER TIPP ▶ DE REPUBLIEK

Treffpunkt der Bohemiens, gute Auswahl belgischer Biere, exotisch inspirierte Gerichte (auch vegetarische), Cocktails. Stimmungsvoller Hof. *Tgl. 11–4 Uhr | Sint-Jakobsstraat 36*

DE STOEPA

Ein nettes Gasthaus mit Garten. Das Publikum: junge Leute aus Brügge. Gute Stimmung. *Tgl. 11–3 Uhr | Oostmers 124*

ÜBERNACHTEN

Die über 120 Hotels und fast ebenso vielen Bed & Breakfasts sind am Wochenende meist teurer als an den anderen Wochentagen. Oft verlangen sie zwei Übernachtungen. *www.brugge-bedand breakfast.com* stellt die Adressen detailliert vor. Großes Angebot an Ferienhäusern in der Stadt bei *www.belvilla.de.*

ADORNES ☼

Drei Stufengiebelhäuser mit herrlichem Blick auf die Kanäle. Moderne Zimmer, die schönsten unter hohem Dachgebälk. Außerdem gutes Frühstücksbuffet, eigener Parkplatz und Fahrräder. *20 Zi. | Sint-Annarei 26 | Tel. 050 34 13 36 | www. adornes.be | €€*

DE DRIE KONINGEN

In drei stilvoll restaurierten mittelalterlichen Häusern mit Garten sind sechs bestens ausgestattete Apartments mit 1–4 Schlafzimmern für einen längeren Aufenthalt ideal. Eigene Garagenplätze, kleiner Pool und nette Bar sind willkommene Extras, Burg und Markt nur wenige Schritte entfernt. *Twijnstraat 13–17 | Tel. 050 67 55 13 | www.dedriekoningen.be | €€*

HOTEL DE GOEZEPUT ☼

In einer ruhigen Seitenstraße, aber nur einen Steinwurf von Onze-Lieve-Vrouwe-kerk und Sint-Salvatorkathedraal liegt das Haus aus dem 18. Jh. Die komfortablen Zimmer unter dem alten Dachgebälk bieten eine schöne Aussicht. Moderne Lounge mit Kaminfeuer, Terrasse und Spielecke für Kinder. *15 Zi. | Goezeput-straat 29 | Tel. 050 34 26 94 | www. hotelgoezeput.be | €*

HOTEL MONTANUS

Ein altes Patrizierhaus und eine Villa im Kolonialstil, dazwischen 1200 m² Garten. Großzügige Zimmer in verschiedenen Stilrichtungen. INSIDER TIPP ▶ Frühstück bis mittags, Picknickkorb und hauseigene Fahrräder. *13 Zi. | Nieuwe Gentweg 78 | Tel. 050 33 11 76 | www.montanus.be | €€€*

AUSKUNFT

Toerisme Brugge – In & Uit | 't Zand 34 | Tel. 050 44 46 46 | www.brugge.be/ toerisme

ZIEL IN DER UMGEBUNG

DAMME (125 D2) (ⓜ E3)

Das Städtchen (11 000 Ew.) ist ein beliebtes Ausflugsziel 5 km nordöstlich von Brügge. Auf einem hübschen Kanal verbinden Boote beide Städte *(Abfahrt Noorweegse Kaai in Brügge | April–Sept. tgl. 10, 12, 14, 16, 18 Uhr | Rückfahrkarte 7 Euro)*. Damme, einst Umschlagplatz für

Bordeaux- und Portwein, hat sternförmige Stadtwälle, die gotische *Liebfrauenkirche*, das *Sint-Janshospitaal* und das spätgotische *Rathaus.* Der Geburtsort des Dichters Jacob van Maerlant (1235–1300) profiliert sich als Bücherstadt (jeden 2. So des Monats *Büchermarkt* auf dem Marktplatz). Im Schelmenroman von Charles De Coster stammt *Tijl Uilenspiegel* aus Damme. *Auskunft: Toerisme Damme | Jacob van Maerlantstraat 3 | Tel. 050 28 86 10 | www.toerismedamme.be*

KNOKKE-HEIST

(125 D1) *(D–E 2–3)* **Das mondänste Seebad der belgischen Küste (32 000 Ew.) hat mehrere Bezirke mit eigenem Charakter.**

Heist war ein Fischerdorf, Duinbergen lockte Maler und Dichter des Symbolismus an, und in Knokke lebten Polderbauern. Het Zoute, der exklusivste Teil, ist eine Gartenstadt mit stattlichen Villen der Brüsseler und Antwerpener Oberschicht – deshalb wird in Het Zoute auch fast ausschließlich Französisch gesprochen, und die lange *Kustlaan* ist eine Meile von Luxusboutiquen, feinen Antiquitätenläden und teuren Kunstgalerien.

SEHENSWERTES

ALBERTPLEIN

Auf der *Place m'as-tu-vu* („Angeberplatz") im Ortsteil Het Zoute veranstaltet Brüssels Schickeria die reinste Mode- und Autoshow.

CASINO

René Magritte schmückte das Spielkasino mit dem 72 m langen Wandgemälde „Le Domaine enchanté" aus. Zu sehen sind auch Gemälde von Paul Delvaux, Constant Permeke und Léon Spilliaert. Besichtigung nur mit Führung von Toerisme Knokke. *Tgl. ab 15 Uhr | Zeedijk-Albertstrand 509*

RUBENSPLEIN

Die belgischen Stararchitekten Robbrecht & Daem und der österreichische Künstler Franz West gestalteten den Platz avantgardistisch. *Albertstrand*

Architektonische Phantasie prägt den Rubensplein in Knokke-Heist

VILLA NOORDHINDER/WESTHINDER

Henry van de Velde errichtete diese Villen 1930 im Bauhausstil. *Zeedijk-Het Zoute 219–220*

ESSEN & TRINKEN

BARTHOLOMEUS

Auf der einfallsreichen Speisekarte stehen köstliche Fisch- und Fleischgerichte. Schöner Blick aufs Meer. *Di–Do geschl. |*

Zeedijk 267 | Tel. 050 51 75 76 | www. restaurantbartholomeus.be | €€€

BEL-ETAGE
Intimes Restaurant in einem alten Haus, phantasievolle saisonale Küche. Mi und mittags geschl. | Guldenvliesstraat 13 | Tel. 050 62 77 33 | www.bel-etage.be | €€€

Naturschutzgebiet brüten über 120 Vogelarten und machen zahllose Zugvögel Rast. Natuurreservaat Het Zwin | Ostern–30. Sept. Di–So 9–17.30 Uhr, Okt.–Ostern 9-16.30 Uhr, während der belgischen Schulferien auch Mo | Eintritt 5,20 Euro | Graaf Léon Lippensdreef 8 | www. zwin.be

Das Naturschutzgebiet Het Zwin eignet sich ideal zum Wandern und für Vogelbeobachtungen

PANIER D'OR
Moderne Brasserie mit Terrasse. Gute Fischgerichte, auch Kindermenüs. Di geschl. | Zeedijk-Heist 659 | Tel. 050 60 31 89 | €

FREIZEIT & SPORT

BEACHCLUB HEIST
Zentrum für alle Wassersportarten. Kurse, Materialvermietung. Zeedijk-Heist 197 | www.vvwheist.be

HET ZWIN
Das Zwin ist etwas für Wanderer und Vogelliebhaber: In dem 158 ha großen

ZWINBOSJES
Gut ausgeschilderte Radfahr- und Wanderwege finden Sie östlich von Het Zoute in 220 ha naturgeschützten, bewaldeten Dünen, die nahtlos ins weite Polderland übergehen.

STRÄNDE
Am Ende der Zwinlaan in Het Zoute beginnt ein 4 km langer, breiter Sandstrand, den nur Meer, Himmel und Dünen säumen. Am Strand von Het Zoute gibt es exklusive Clubs, während in Albertstrand, Duinbergen und Heist Familienleben stattfindet.

ÜBERNACHTEN

MANOIR DU DRAGON

Landhaus von 1927 in einem weiten Garten. Luxuriöse Zimmer mit Terrasse/Balkon und Gartenblick. Traumhaftes Frühstück. *15 Zi. | Albertlaan 73 | Tel. 050 63 05 80 | www.manoirdudragon.be | €€€*

LA RÉSERVE

Das neue Luxushotel liegt exklusiv am Zegemeer-See, Ilse De Meulemeester stylte das Interieur aufwendig und edel mit viel Schwarz, Gold und Türkis. Elegante Bar und Feinschmeckerrestaurant *Dinners 160,* helles Bistro mit Seeblick, Knokkes einziger Ballroom und vor allem das ● ☀ Wellnesscenter im 6. Stock mit einem umwerfenden, relaxenden Panoramablick auf Meer und Himmel von Pool und Restroom. *110 Zi. | Elizabetlaan 160 | Tel. 050 61 06 06 | www.la-reserve. be | €€€*

HOTEL TER HEIS ☀

Einfaches, dafür preiswertes Hotel – gleich am Strand, mit eigener Terrasse und vor dem Segelclub gelegen. *20 Zi. | Zeedijk 210 | Tel. 050 51 78 84 | www. beachhotelsknokkeheist.be | €*

AUSKUNFT

Dienst Toerisme | Zeedijk-Heist 660 | Tel. 050 63 03 80 | www.knokke-heist.be

ZIELE IN DER UMGEBUNG

BLANKENBERGE (124 C1) (𝄞 D3)

Blankenberge (17 000 Ew., 8 km westlich von Knokke-Heist), ist der volkstümlichste Badeort. Die Strandpromenade gleicht einem Rummelplatz, und am überfüllten Strand wird gepicknickt. Der Pier ragt 350 m weit ins Meer. An seinem Ende gibt es eine ☀ Gaststätte mit Fernblick und eine Modelleisenbahnausstellung. Der *Paravang,* ein langer Windschutz am Yachthafen, ist ein Jugendstiljuwel mit Bänken zum Sonnen, Schauen und Klönen. *Auskunft: Dienst Toerisme | Leopold-III-plein | Tel. 050 41 22 27 | www.blan kenberge.be*

DE HAAN (124 C2) (𝄞 C3)

Gepflegtes Seebad 17 km südwestlich von Knokke-Heist. Ausgedehnte Dünen und Polder rahmen den Villenort (10 000 Ew.) ein, in dem der Charme der Belle Époque überlebt hat. Es gibt einen ruhigen, breiten Sandstrand und im Westen, an der Grenze zu Bredene, den `INSIDER TIPP` ▸ einzigen FKK-Strand der Küste. Vier Reitschulen vermieten Pferde für Ausflüge durch Dünen und Wälder. Auch Wanderer und Radler lieben De Haan und Umgebung. Stilvolle Unterkunft mit großem Garten und Pool bietet das Hotel *Romantik Manoir Carpe Diem (16 Zi. | Tel. 059 23 32 20 | www. manoircarpediem.com | Prins Karellaan 12 | €€€).* Ein nettes Bed & Breakfast ist die *Villa Stella Maris (3 Zi. | Memlinglaan 11 | Tel. 059 23 56 69 | www.stella maris.be | €). Auskunft: Dienst Toerisme | Leopoldlaan 24 | Tel. 059 24 21 34 | www. dehaan.be*

KORTRIJK

(125 D5) (𝄞 D–E7) Kortrijk (76 000 Ew.) präsentiert sich schamlos neureich. Aufgedonnerte Kundinnen preschen mit Luxuskarossen zu todschicken Boutiquen.

Der Reichtum kommt nicht von ungefähr: In der Umgebung von Kortrijk stellen zahllose Fabriken Teppichböden, industrielle Textilien und Designmöbel her. Alle zwei Jahre ist die angesehene *Bien-*

nale Interieur Treffpunkt der besten Designer. Um das von Paul Robbrecht und Hilde Daem entworfene, riesige Einkaufscenter *K* in Kortrijk zwischen Veemarkt und Steenstraat liegt das Shoppingparadies.

SEHENSWERTES

BEGIJNHOF
Märchenhaftes Dörfchen mit Pflastersteingässchen, weiß gekalkten Häuschen und Gärten voller Blumen. *Sint-Maartenskerkhof*

BROELMUSEUM
Ein elegantes Patrizierpalais des 18. Jhs. Zu sehen sind Werke von Roelant Savery, dem aus Kortrijk stammenden Hofmaler Kaiser Rudolfs II. in Prag, aber auch Landschaften aus dem 19. Jh. In der Orangerie ist eine stilvolle Cafeteria eingerichtet. *Di–Fr 10–12 und 14–17, Sa/So 11–17 Uhr | Eintritt 3 Euro | Broelkaai 6*

GROTE MARKT
Einsam steht der verspielte Belfried mit Glockenspiel auf dem Platz. Ein weiterer Blickfang ist das reich verzierte spätgotische Rathaus.

NATIONAAL VLAS-, KANT- EN LINNENMUSEUM
Das Nationale Flachs-, Spitzen- und Leinenmuseum geht auf alle Aspekte dieser traditionellen Kortrijker Produkte ein. *Di–Fr 9–12.30 und 13.30–18, Sa/So 14–18 Uhr | Eintritt 3 Euro | Etienne Sabbelaan 4*

ONZE-LIEVE-VROUWEKERK
In der Grafenkapelle der gotischen Kirche hängen meisterliche Porträts aller Grafen von Flandern. Besonders sehenswert sind die um das Jahr 1380 von dem Bildhauer André Beauneveu geschaffene „Hl.

Katharina von Alexandrien" und die „Kreuzaufrichtung" von Anthonis van Dyck. *Ecke Onze-Lieve-Vrouwestraat/Begijnhofstraat*

ESSEN & TRINKEN

TABLE D'AMIS ☺
In seinem eleganten Haus interpretiert Matthieu Beudaert die regionalen Gerichte modern und leicht, immer mit saisonalen Produkten der Gegend. *Mo/Di und Sa-Mittag geschl. | Walle 184 | Tel. 056 328270 | www.tabledamis.be | €€–€€€*

ÜBERNACHTEN

INSIDER TIPP D-HOTEL
Cool gestyltes Designhotel am Stadtrand mit Hightechausstattung, Wellnesscenter, tollen Künstlersuiten und Trendbistro. *45 Zi. | Abdijmolenweg 1 | Tel. 056 212100 | www.d-hotel.be | €€*

DAMIER
Traditionshaus am Marktplatz mit stilvollen Zimmern. Belle-Époque-Brasserie, elegantes Feinschmeckerrestaurant. *49 Zi. | Grote Markt 41 | Tel. 056 221547 | www.hoteldamier.be | €€*

AUSKUNFT

Toerisme Kortrijk | Schouwburgplein 14a | Tel. 056 277840 | www.kortrijk.be

ZIELE IN DER UMGEBUNG

IEPER (124 B5) (⊠ B7)
Ieper (Ypern, 35 000 Ew.) wurde 1914 von den Deutschen dem Erdboden gleichgemacht. Am „Bogen von Ypern", 16 km westlich von Kortrijk, starben eine Million Soldaten. Ergreifende Gedächtnisstätten sind die grandiose ● *Menen-*

poort, wo allabendlich der englische Zapfenstreich „Last Post" erklingt, und die *St. George's Memorial Church.* In der monumentalen ⭐ *Lakenhal* mit 🌸 Belfried, einem der grandiosesten gotischen Profanbauten überhaupt, zeigt das *In Flanders' Fields Museum (April–Okt. tgl. 10–18 Uhr, Nov.–März Di–So 10–17 Uhr | Eintritt 8 Euro, Belfriedbesteigung 2 Euro*

neben Flachs auch Hopfen. Dem Biergewürz ist das *Hopfenmuseum (Hopmuseum | März, Nov. Di–Fr 10–18, Sa/So 14–18 Uhr | Eintritt 5 Euro | Gasthuisstraat 71)* gewidmet. Im eingemeindeten Dorf *Watou* findet alljährlich das *Lyrik- und Kunstfestival (Juli/Aug. | www.kunstenfestival watou.be)* statt. Das beste Bier der Gegend, *Westvleteren,* brauen die Trappis-

Die Lakenhal mit Belfried in Ieper – die prächtigste aller flämischen Tuchhallen

extra | Grote Markt 32 | www.inflanders fields.be) beeindruckende Audio- und Filmdokumente aus dem Ersten Weltkrieg. *Auskunft: Toerisme Ieper | Grote Markt 34 | Tel. 057 23 92 20 | www. ieper.be*

POPERINGE (124 B5) (🗺 A–B 6–7)
In Poperinge (19 500 Ew., 32 km westlich von Kortrijk) bezeugen drei gotische Kirchen den einstigen Wohlstand der Stadt, der auf der Tuchherstellung beruhte. Auf den Feldern rings um die Stadt gedeiht

ten in ihrer *Abtei Sint-Sixtus.* Da die Mönche die Rezepte kurz nach dem Zweiten Weltkrieg verkauften, sind die Biere der Kleinbrauerei Sint-Bernardus in Watou identisch – und wesentlich leichter erhältlich.

Eine ruhige Unterkunft ist das *Hotel Recour (8 Zi. | Guido Gezellestraat 7 | Tel. 057 33 57 25 | www.pegasusrecour.be | €€€)* mit dem Feinschmeckerrestaurant *Pegasus. Auskunft: Toerisme Poperinge | Grote Markt 1 | Tel. 057 34 66 76 | www. poperinge.be*

OOSTENDE

(124 B2) *(⊞ B–C 3–4)* **Der 69 000-Ein-wohner-Ort lebt auch dann, wenn die Feriengäste wieder nach Hause gefahren sind. In der Belle Époque zählte Oostende zu den schicksten Seebädern Europas.**
König Leopold II. residierte hier in den Sommermonaten. Aus seiner Privat-

10–12 und 14–17 Uhr | Eintritt 2 Euro | Vlaanderenstraat 27

KONINKLIJKE GAANDEREIEN ● ☀
König Leopold II. ließ die 400 m langen Arkaden bauen, um in ihrem Schatten von seiner Villa zur Rennbahn zu schrei-ten. Auch bei Regen ist dies ein schöner Spazierweg mit Blick auf den leeren Strand und das graue Meer. *Zeedijk*

Hafen von Oostende: Das Seebad war schon in der Belle Époque ein beliebter Ferienort

schatulle bezahlte der Monarch Pracht-bauten und den Ankauf von Dünen. Im Ersten und im Zweiten Weltkrieg wurde die Hafenstadt stark in Mitleidenschaft gezogen.

SEHENSWERTES

JAMES ENSORHUIS
Von 1917 bis 1949 lebte der berühmte Maler James Ensor hier. In der Wohnstu-be hing sein monumentales Meisterwerk „Der Einzug Christi in Brüssel", heute ist eine Reproduktion zu sehen. *Mi–Mo*

MERCATOR
Altes Segelschulschiff der Handelsmarine. *April–Juni, Sept. tgl. 10–12.30 und 14–17.30, Juli/Aug. tgl. 10–17.30, Okt.–März Sa/So und Ferien 10–12.30 und 14–16.30 Uhr | Eintritt 4 Euro | Mercatordok*

MU.ZEE
Das Museum für moderne Kunst der Pro-vinz Westflandern zeigt in einem umge-bauten Warenhaus belgische Kunst des 19. und 20. Jhs. Herausragende Ausstel-lungen. *Di–So 10–18 Uhr | Eintritt 5 Euro | Romestraat 11 | www.muzee.be*

STAKETSEL ☼

600 m weit ragt die westliche Hafenmole ins Meer. Beliebt zum Flanieren, besonders bei Sonnenuntergang. *Montgomerykaai*

VISTRAP

Auf dem alten Fischmarkt gibt es auch Stände mit köstlichen Fischhäppchen. *Visserskaai*

ESSEN & TRINKEN

FORT NAPOLEON

Cool gestyltes Restaurant in einem mächtigen Fort in den Dünen, leichte saisonale Gerichte, angenehme Terrasse. *Mo geschl. | Vuurtorenweg | Tel. 059 33 21 60 | www.fortnapoleon.be | €€€*

MATHILDA

Brasserie mit enormer Theke für den Aperitif, Fisch- und Fleischgerichte. *Mo/Di geschl. | Leopold-II-laan 1 | Tel. 059 51 06 70 | www.bistromathilda.be | €*

OSTEND QUEEN ☼

Über dem Spielkasino liegt die Fischbrasserie von Starkoch Pierre Wynants. Todschickes Design, die Lounge ist ein mondäner Treff. Dabei gibt es hier noch die alte Spezialität **INSIDER TIPP** ▶ *Smeus*, Kartoffel-Gemüse-Brei mit Meeresfrüchten. Umwerfend ist die Platte mit kalten Meeresfrüchten. Elegante Kleidung ist Pflicht. Reservieren! *Di/Mi geschl. | Monacoplein (Eingang Westhelling) | Tel. 059 44 56 10 | www.ostendqueen.be | €€*

STRÄNDE

FORT NAPOLEON

Ruhiger Strand, östlich der Hafenmole, unterhalb des Forts gelegen. Der Kahn *Blue Link (Abfahrt tgl. 10–18 Uhr | Sir Winston Churchillkaai | einfache Fahrt 1,50 Euro, Fahrrad 0,50 Euro)* setzt in fünf Minuten über den Hafen.

ZEEDIJK

Der beliebteste und daher belebteste Strand im Stadtzentrum von Oostende erstreckt sich vor den eleganten Königlichen Arkaden.

ÜBERNACHTEN

Ferienwohnungen an der ganzen Küste vermieten u. a. *www.dermul.be* und *www.lacotebelge.be. www.belvilla.de* ist auf Ferienhäuser und Bungalows spezialisiert.

HOTEL 'T KRUISHOF

Am Stadtrand gelegener Bauernhof, mit Garten, Sonnenterrasse, Tennis, Kinderspielplatz. Nette Zimmer und reichhaltiges Frühstück. *11 Zi. | Kruishofstraat 1 | Tel. 059 70 98 44 | www.kruishof.be | €*

ROYAL ALBERT

Hübsche Zimmer mit Blick auf das Meer und ein gutbürgerliches Restaurant. *22*

LOW BUDGET

▶ Die *Brugge City Card (35 Euro für 48 Stunden, 40 Euro für 72 Stunden | www.bruggecitycard.be und bei Toerisme Brugge)* gewährt freien Eintritt bei 26 Sehenswürdigkeiten, eine gratis Grachtenrundfahrt und 25 Prozent Ermäßigung bei Kulturevents, Fahrradmiete und in Parkhäusern.

▶ Oostende hat einen *City Pass (12 Euro für 24 Stunden, 20 Euro für 72 Stunden | erhältlich bei Toerisme Oostende)* für alle wichtigen Sehenswürdigkeiten.

Zi. | Zeedijk 167 | Tel. 059 70 42 36 | users. skynet.be/royal.albert | €

THERMAE PALACE

Art-déco-Traumhotel am Strand mit großzügigen Zimmern. Bistro und elegantes Feinschmeckerrestaurant. 156 Zi. | Koningin Astridlaan 7 | Tel. 059 80 66 44 | www. thermaepalace.be | €€€

AUSKUNFT

Toerisme Oostende | Monacoplein 2 | Tel. 059 70 11 99 | www.toerisme-oostende.be

ZIELE IN DER UMGEBUNG

DE PANNE (124 A3) (*M A4–5*)

Am sehr breiten Strand des 32 km südwestlich gelegenen, modernen Seebads (9500 Ew.) tummeln sich Strandsegler, Surfer und Kitesurfer. Im Westen erstreckt sich das 350 ha große Naturschutzgebiet *Westhoek*, dessen Dünen sich in Frankreich fortsetzen. Rad-, Reit- und Wanderwege führen bis ins Polderland. *Auskunft: Dienst Toerisme | Zeelaan 21 | Tel. 058 42 18 18 | www.depanne.be*

KOKSIJDE (124 A3) (*M A4*)

Der Badeort (19 000 Ew.) mit schönen, breiten Stränden liegt 28 km südwestlich von Oostende. Sehenswert sind die Ruinen der einst reichen *Zisterzienserabtei Ten Duinen.* Dem Ortsteil Sint-Idesbald stiftete der surrealistische Maler Paul Delvaux Meisterwerke und ein *Museum (April–Sept. Di–So, Okt.–Dez. Do–So 10.30–17.30 Uhr | Eintritt 8 Euro | Paul Delvauxlaan 5).* Das ● *Nationaal Visserij-*

BÜCHER & FILME

▶ **Brüder** – (2000) Kinderbuchautor Bart Moeyaert erinnert sich an seine unbeschwerte Kindheit in Flandern

▶ **Der Kummer von Flandern** – (1983) In dem meisterlichen Familienepos rechnet Hugo Claus mit den katholischen, faschistischen Spießern in der westflämischen Provinz 1930–50 ab

▶ **Meine zweite Haut** – (2000) Durch die Brille eines Heranwachsenden schildert Erwin Mortier den sozialen Aufstieg der Flamen in den Jahren 1955–75

▶ **Die Midas-Morde** – (1996) Wie alle Krimis von Pieter Aspe spielt auch dieser in Brügge, mit dem bierseligen Kommissar Pieter Van In und einer flotten Staatsanwältin

▶ **Schlaf!** – (2003) Annelies Verbeke verfolgt in ihrem Debütroman eine Frau, die nicht schlafen kann und durch Antwerpen irrt

▶ **Ben X** – (2007) Nic Balthazar hatte weltweit Erfolg mit seinem packenden, in Flandern gedrehten Film über einen autistischen Jungen

▶ **Brügge sehen ... und sterben?** – (2008) Mischung aus Thriller und Comedy von Martin McDonagh, mit Stars wie Colin Farrell und Ralph Fiennes. In der Hauptrolle: der Drehort Brügge

▶ **Los** – (2008) Jan Verheyen vertieft sich in das progressive Flandern, das Rassismus verabscheut und Euthanasie gutheißt. Kulisse ist Antwerpen

museum (Di–Fr 10–18, Sa/So 14–18 Uhr | Eintritt 5 Euro | Pastoor Schmitzstraat 5 | www.visserijmuseum.be) vermittelt Wissenswertes vor allem über die Krabbenfischerei. Im Ortsteil Oostduinkerke zie-

cher sowie Fans von Wasserski und Wavekarting sind hier an der richtigen Adresse. Auskunft: Dienst Toerisme | Marktplein 7 | Tel. 058 22 44 44 | www.nieuwpoort.be

Behaglicher Rahmen für einen schönen Platz: Stufengiebelhäuser am Grote Markt in Veurne

hen auch heute noch die Fischer mit ihren Pferden fast täglich ins Watt hinaus (www.paardenvissers.be). Im ruhigen Viertel um das Delvaux-Museum liegt die Villa Certi Momenti (3 Zi. | Myriamweg 16 | Tel. 058 51 89 05 | www.certimomenti.be | €) mit Sonnenterrasse. Auskunft: Dienst Toerisme | Leopold-II-laan 2 | Tel. 058 53 21 21 | www.koksijde.be

NIEUWPOORT (124 B3) (*M B4*)
Die 9000-Ew.-Stadt an der Ijzermündung, 17 km südwestlich von Oostende gelegen, wurde in beiden Weltkriegen vollkommen zerstört. Das Rathaus, die Tuchhalle mit Belfried und die Liebfrauenkirche entstanden 1925 und 1950 wieder. Heute ist Nieuwpoort ein Tummelplatz der Wassersportler mit einem Yachthafen und vorzüglichen Segelschulen. Auch Kajakfahrer, Surfer, Kitesurfer und Tau-

VEURNE ⭐ (124 A3) (*M A5*)
Die beschauliche Stadt (8500 Ew., 25 km südwestlich) wird vom wuchtigen Turm der gotischen Sint-Niklaaskerk überragt. Der Grote Markt bezaubert mit heiteren Stufengiebelhäusern. Aus der Renaissancezeit stammen das Rathaus und das sogenannte Landhaus (April–Sept. tgl. 11, 14, 15, 16.30 Uhr, Okt.–März tgl. 11 und 15 Uhr | Eintritt frei) mit elegantem Belfried und verschwenderisch dekorierten Sälen. Auskunft: Dienst Toerisme | Grote Markt 29 | Tel. 058 33 55 31 | www.veurne.be

VLADSLO ⭐ (124 B3) (*M C5*)
Auf dem deutschen Soldatenfriedhof, 16 km südlich von Oostende, ruhen mehr als 25 000 Gefallene des Ersten Weltkriegs. Über die Granitplatten blickt das „Trauernde Elternpaar" der Bildhauerin Käthe Kollwitz. Tgl. 9–18 Uhr

GENT UND OSTFLANDERN

Grandiose Architektur, Meisterwerke der Kunst, liebliche Landschaften und himmlische Ruhe: Das zeichnet die Provinz Ostflandern aus. In der Mitte liegt die alte Grafenstadt Gent.

Wie ein Spinnennetz gehen von hier Wasserwege aus, Flüsse mit vielen Biegungen und alten Armen wie Schelde oder Leie, gerade Kanäle in alle Himmelsrichtungen, gesäumt von Pappeln und Weiden, Feldern und Wiesen.

Zu den beschaulichsten Flecken Ostflanderns gehören die Polder des Meetjeslands im Nordwesten, an der Grenze zu den Niederlanden. Am östlichen Rand der Provinz durchquert der Fluss Demer die Landschaft. Ganz anders sieht der Süden mit den Flämischen Ardennen aus: Die rund 150 m hohe Hügelkette ist

Radrennfahrern ein Begriff. Doch auch Gartenarchitekten und Hobbygärtner wissen, wo die Provinz liegt: Bei Lochristi und Beervelde, östlich von Gent, werden Azaleen und Begonien von Weltruf gezüchtet.

GENT

KARTE IM HINTEREN UMSCHLAG *(125 F3–4) (m G5)* **Seine Besucher empfängt Gent (224 000 Ew.) mit dem quirligen Leben einer alten Universitätsstadt – 65 000 Studenten bummeln, diskutieren und gehen aus.**

Neben Antwerpen bietet in Flandern nur Gent ein abwechslungsreiches Nachtleben und eine echte Kulturszene. Die

Flüsse, Kanäle und sogar Berge: Das alte Gent lockt mit Kultur und Leben, das Umland mit Natur und Dolce Vita

CITY ▶ **WOHIN ZUERST?**

Sint-Michielsbrug: Der ideale Startpunkt ist diese Brücke über die Leie. Zu ihren Füßen liegen Sint-Niklaaskerk, Belfried und Kathedrale, Graslei, Korenlei und Gravensteen sowie die Einkaufsviertel. Autofahrer folgen der P-Route zu den Parkhäusern P7 Sint-Michiels oder P9 Belfort, Bahnreisende nehmen die Tram 1 (Richtung Evergem) bis Korenmarkt.

Kulisse dafür bilden eindrucksvolle Baudenkmäler, die immer wieder die Geschichte ins rechte Bild rücken.

Gent war eine der reichsten Tuchweberstädte Europas, mit selbstbewussten Bürgern und Zünften. So bot Gent im Jahr 1540 Kaiser Karl V. die Stirn, als er eine neue Kriegssteuer erheben wollte. Als die Textilindustrie im 19. Jh. wieder aufblühte, entstand hier die flämische Arbeiterbewegung.

Heute wartet Gent mit vielen Schönheiten auf. Lieve und Leie münden in die

Bollwerk aus grauem Stein:
die Wasserburg Gravensteen

SEHENSWERTES

BELFORT ☀

Mitten auf der weiten Fläche zwischen Kathedrale und Alter Post ragt der mittelalterliche Belfried (erbaut 1313–80) auf. Er bringt grandios die einstige Macht der städtischen Patrizier und Gilden zum Ausdruck. Im zweiten Stockwerk der angegliederten, arg kleinen Tuchhalle übt sich heute noch die 1613 gegründete, exklusive Königliche Ritter-Hauptgilde Sankt Michael im Florettfechten. Der Turm mit seinem Glockenspiel hält einen schönen Panoramablick bereit. Zwischen Belfried und Kathedrale bauten die Architekten Paul Robbrecht und Hilde Daem die avantgardistische Interpretation einer Halle und eines Forums – ein neues, ziemlich umstrittenes Wahrzeichen. *März–Nov. tgl. 10–18 Uhr | Eintritt 5 Euro | Sint-Baafsplein*

BOEKENTOREN

Das 64 m hohe, moderne Wahrzeichen entwarf Henry van de Velde im Jahr 1933 für die Universitätsbibliothek. Es beherrscht die Stadt auf dem Blandijnberg. *Rozier 9*

DESIGNMUSEUM

Im Rokokopalais De Coninck sind kostbare alte Möbel zu sehen. Der Neubau des Museums lockt mit einer umfangreichen Sammlung von Jugendstilmöbeln und -objekten und zeitgenössischem Design. Nicht zu übersehen sind die Entwürfe des Flamen Pieter De Bruyne, des Wegbereiters der italienischen Transavanguardia. *Di–So 10–18 Uhr | Eintritt 5 Euro | Jan Breydelstraat 5 | design. museum.gent.be*

GRASLEI UND KORENLEI

Zwei Gesichter Gents spiegeln sich im Wasser des ersten Hafens: strenge mit-

Schelde, Kanäle und Grachten verbinden sie. An baumgesäumten Ufern lässt sich trefflich flanieren, um die Vielfalt der Stadt auf sich wirken zu lassen. Vom Einbruch der Dunkelheit bis Mitternacht wird die `INSIDER TIPP`▶ Innenstadt märchenhaft beleuchtet, und beim Lichtfest im Januar zaubern Designer und Künstler atemberaubende Effekte auf die Fassaden.

telalterliche Stufengiebel von Lager- und Zunfthäusern an der Graslei, heitere Barockfassaden entlang der Korenlei. Es lohnt sich, von hier aus weiter zu flanieren – nördlich bleibt Gent spröde *(Kraanlei, Oudburg)*, südlich präsentiert es sich elegant *(Recollettenlei, Lindenlei, Coupure)*.

GRAVENSTEEN ⭐

Um das Jahr 1000 begannen die Grafen von Flandern mit dem Bau einer Wasserburg aus grauem Scheldestein. Im Lauf von zwei Jahrhunderten entstand das Symbol ihrer Macht mit 24 Türmen. Den Mittelpunkt bildet der 30 m hohe Saal. Später diente die Burg nacheinander als Gericht, als Folterkammer der Inquisition und als Baumwollspinnerei. Alte Gerichtsakten, Waffen und Folterwerkzeuge veranschaulichen die einstige Funktion der Burg. *April–Sept. tgl. 9–18 Uhr, Okt.–März tgl. 9–17 Uhr | Eintritt 8 Euro | Sint-Veerleplein*

MIAT

Das in einer früheren Baumwollspinnerei eingerichtete Museum für Industriearchäologie und Textiltechnik gibt Einblick in den Arbeitsalltag von 1750 bis 2000. Schön für eine Pause: die Cafeteria mit Blick auf den Garten. *Di–So 10–18 Uhr | Eintritt 5 Euro | Minnemeers 9 | www.miat.gent.be*

INSIDER TIPP ▶ MUSEUM DR. GUISLAIN

Jozef Guislain gehört zu den Begründern der modernen, humanen Psychiatrie. Das lässt sich schon an der Architektur seiner Genter Klinik ablesen. Das Museum illustriert die Geschichte der Psychiatrie und zeigt hervorragende Ausstellungen mit Art brut. *Di–Fr 9–17, Sa/So 13–17 Uhr | Eintritt 6 Euro | Jozef Guislainstraat 43 | Tram 1 | www.museumdrguislain.be*

MUSEUM VOOR SCHONE KUNSTEN

Der neoklassizistische Bau bildet einen grandiosen Schrein für Topkunst vom Mittelalter bis ca. 1950. Bemerkenswert ist die Sammlung französischer Maler und deutscher Expressionisten. Zu den Höhepunkten zählen „Die Kreuztragung Christi" von Hieronymus Bosch und das Porträt eines „Kleptomanen" von Théodore Géricault. Besonders stark vertreten sind die flämischen Impressionisten und Expressionisten der Schule von Sint-Martens-Latem. Lehrreich ist der Saal, der auf die sozialen Probleme der Arbeiter und Bauern im 19. Jh. eingeht. *Di–So 10–18 Uhr | Eintritt 5 Euro | Fernand Scribedreef 1 (Citadelpark) | www.mskgent.be*

SINT-BAAFSKATHEDRAAL ★

Die Genter Kathedrale vereint mehrere Stile. Chor und Querschiff sind im klaren Stil der Scheldegotik gebaut, das dreigliedrige Längsschiff und der Turm typisch für die verspieltere brabantische Gotik. Die Mischung von rotem Backstein, grauem Scheldestein und französischem Kalkstein verblüfft. Die eindrucksvolle barocke Inneneinrichtung wurde nach

Mo–Sa 9.30–17, So 13 bis 17 Uhr, Nov.–März Mo–Sa 10.30–16, So 13–16 Uhr (Eintritt 4 Euro) | Eintritt frei | Sint-Baafsplein

SINT-NIKLAASKERK

Die Nikolauskirche zählt zu den schönsten Beispielen der Scheldegotik mit ihren klaren Linien aus grauem Scheldestein. Der Blick in den Turm ist faszinierend. Die monumentale romantische Cavaillé-Coll-

Gent ganz oben: Von der Sint-Baafskathedraal aus blickt man weit über die Stadt

den Verwüstungen während der Glaubenskriege hinzugefügt. Weltberühmt ist die Kathedrale für den ● *Genter Altar* von Jan und Hubert van Eyck. Die mittlere Bildtafel zeigt die „Anbetung des Lammes". Das wiederholt geraubte Meisterwerk der altniederländischen Malerei steht hinter Panzerglas in der Taufkapelle. Die Bildtafeln werden in den kommenden Jahren nach und nach im Museum voor Schone Kunsten restauriert, man kann bei der Arbeit zuschauen. *Kathedrale April–Okt. tgl. 8.30–18 Uhr, Nov.–März tgl. 8.30–17 Uhr, Genter Altar April–Okt.*

Orgel (1856) muss noch restauriert werden. Den **INSIDER TIPP** Professoren und Studenten der Musikhochschule kann man regelmäßig zuhören, die Flentrop-Orgel im Chor dient dem Unterricht. *Mo 14–17, Di–So 10–17 Uhr | Eintritt frei | Cataloniestraat*

SINT-PIETERSABDIJ

Die prächtige Barockkirche erinnert an die Macht der einstigen Benediktinerabtei. Sie wird heute für Ausstellungen genutzt. Hinter der Abtei liegt eine ● Oase der Ruhe und Beschaulichkeit mit einem Kräutergarten, einer Wiese voller Apfelbäume und sogar einem Weinberg *(Zugang durch Pforte und Innenhof Sint-Pietersplein 12–15). Di–So 10–18 Uhr | Eintritt frei | Sint-Pietersplein 9 | www.sintpietersabdijgent.be*

S. M. A. K. ★

Weltberühmt wurde das Städtische Museum für aktuelle Kunst dank seines langjährigen Direktors Jan Hoet. Mithilfe von Künstlern und Mäzenen trug er eine faszinierende Sammlung zusammen (u. a. Marcel Broodthaers, Joseph Beuys, Luc Tuymans). Vorzügliche Ausstellungen. Beliebtes Künstlercafé (bis 1 Uhr nachts geöffnet). *Di–So 10–18 Uhr | Eintritt 6 Euro | Citadelpark | www.smak.be*

STADHUIS ★

In Spätgotik, Renaissance und Barock entstand das Rathaus, das keinen Platz beherrscht, sondern ganz demokratisch an zwei Straßenecken steht. Drinnen zeugen prunkvolle Säle von Macht und Reichtum der Stadt. *Mai–Okt. Mo–Do 14.30 Uhr (Voranmeldung 11–14 Uhr beim Dienst Toerisme) | Eintritt 6 Euro | Botermarkt 1*

STAM

Im mittelalterlichen *Bijloke-Kloster und -Hospiz* entfaltet sich Gents Geschichte anhand von Prachtexemplaren des einheimischen Kunsthandwerks. Der ehemalige Krankensaal mit einzigartigem Holzgebälk wird als Konzertsaal genutzt. *Di–So 10–18 Uhr | Eintritt 6 Euro | Godshuizenlaan 2 | www.stamgent.be*

VRIJDAGMARKT

Der Markt war oft Schauplatz von Aufständen, Demonstrationen und Streikveranstaltungen. *Ons Huis (Nr. 9–10)*, erbaut in einem kuriosen eklektizistischen Stil, ist das Haus der Sozialistischen Gewerkschaft.

ZUID

Zur Weltausstellung 1913 putzte sich Gent fein und modern heraus. Der prächtige INSIDER TIPP *Sint-Pieters-Bahnhof* von Louis Cloquet im Stadtviertel Zuid ist ein spannendes Beispiel von frühem Art déco, in den Vierteln nördlich und südlich stehen viele Jugendstil- und Art-déco-Häuser.

ESSEN & TRINKEN

INSIDER TIPP **BORD'EAU** ☺

Trendig gestylte Brasserie in der alten Fischmarkthalle, nette Bar und herrliche Terrasse am Wasser. Auf der Speisekarte stehen ausgefallene Genter Gerichte und Zutaten. *So-Abend geschl. | Sint-Veerleplein 5 | Tel. 09 22 32 00 | www.oudevismijn.be | €*

INSIDER TIPP **CAFÉ THÉÂTRE**

Eleganter Mix aus Café, Brasserie und Lounge im Opernhaus. Am Wochenende

LOW BUDG€T

▶ Nette, sehr preiswerte Bed & Breakfasts vermittelt *www.bedandbreakfast-gent.be*.

▶ Die Universität Gent vermietet in den Monaten Juni bis September 340 Zimmer in Studentenwohnheimen. *Tel. 09 2 64 71 00 | www.use-it.be*

▶ Der *Museumspass* für Museen, Burg Gravensteen, Belfried und Genter Altar ist vorteilhaft: Drei Tage lang fährt man damit gratis mit Bus und Tram. *20 Euro | erhältlich bei den Museen und beim Dienst Toerisme*

Disko mit DJs für angesagte Partys. *Sa-Mittag geschl.* | *Schouwburgstraat 5* | *Tel. 09 2 65 05 50* | *www.cafetheatre.be* | €€

INSIDER TIPP ▶ GRUUT

Die kleine Brauerei würzt ihre Spezialitäten nicht mit Hopfen, sondern mit einer geheimen Kräutermischung. Serviert wird auch der Aperitif *Roomer* auf Holunderbasis. Tolle Atmosphäre in Industriegemäuern und auf der Terrasse. *Mo–Mi 11–18 Uhr, Do–Sa 11–24 Uhr, So 14–19 Uhr* | *Grote Huidevettershoek 21* | *www.gruut.be*

J.E.F. ⏱

Flemish Foodie Jason Blanckaert schreckt nicht vor gewagten Kombinationen mit lokalen Produkten zurück. Schöne Bierkarte. Freitags ab 22 Uhr coole **INSIDER TIPP** After-Work-Party mit ausgefallenen Häppchen. Trendbewusstes Publikum. *So/Mo geschl.* | *Lange Steenstraat 10* | *Tel. 09 3 36 80 58* | *www.j-e-f.be* | €–€€

PAKHUIS

Viel Stimmung, ausgezeichnete Küche und freundlicher Service in einem spektakulären Lagerhaus. Intimer Caféteil. *So geschl.* | *Schuurkenstraat 4* | *Tel. 09 2 23 55 55* | €

EINKAUFEN

In und um die *Veldstraat* haben sich die Ladenketten niedergelassen. *Kalandeberg, Koestraat, Kortedagsteeg* und *Walpoortstraat* warten mit schicken Boutiquen auf.

Um *Onderbergen* finden Sie feine Antiquitäten- und Designläden, den *Flohmarkt (Fr–So 8–13 Uhr)* um die Kirche Sint-Jacob. In der *Kortrijksepoortstraat* und der *Dampoortstraat* gibt es viele Secondhandläden.

BAKKERIJ IMSCHOOT

Traditionsbäckerei mit Spezialitäten wie den Keksen *Gentse Mokken* und *Kletskoppen,* Honig- und Gewürzkuchen. *Groentenmarkt 1*

VITS-STAELENS

Salbei- und Holundersirup, Genter Genever, Liköre. *Bij Sint Jacobs 14*

VVE. TIERENTYN-VERLENT

Hier kaufen Starköche pikanten Senf ein – Tradition seit 1790. *Groentenmarkt 3*

INSIDER TIPP ▶ YUZU

In japanisch strengem Ambiente: exquisite Pralinen mit Jasmin-, Tee- oder Zitrusfüllungen. *Walpoortstraat 11a*

VEGGIEDAG GENT

Im Mai 2009 erregte Gent international Aufsehen. Die Stadt rief den Donnerstag zum „Veggietag" aus. In Kitas und Kantinen kam kein Fleisch oder Fisch auf den Teller, was Klima, Gesundheit und Geldbeutel zugute kommt. Hasselt, Mechelen und Sint-Niklaas, aber auch Bremen oder Washington D.C. sind dem Beispiel gefolgt. In Gent ist man inzwischen schon wieder weiter, dort wird z. B. der Konsum von Leitungswasser statt Mineralwasser aus der PET-Flasche angeregt. Auf *www.donderdagveggiedag.be* stehen alle Restaurants, Snacks und sogar Frittenbuden, die den Trend verteidigen, sowie leckere Rezepte.

FREIZEIT & SPORT

BOOTSTOUR

Über die Leie in Gent und Umgebung kann man auch selber mit einem kleinen Motorboot tuckern. *MBC | ab 53 Euro | Minerva-Haven, Ecke Coupure rechts/Lindelaan 2a | Tel. 09 2 33 79 17 | www.mi nervaboten.be*

Richtung Moscou | Einzelfahrschein 1,20 Euro am Automaten

AM ABEND

Gent ist ein Eldorado für Nachtschwärmer. Cafés und Clubs der Studenten konzentrieren sich in der *Overpoortstraat*, in den Diskotheken am *Vlasmarkt* trifft sich

Einkaufsbummel in Gent: Im Straßencafé gibt es willkommene Erfrischungen

SCHWIMMBAD

Flanderns ältestes Hallenbad ist ein Art-déco-Traum, der zum entspannten Schwimmen auf dem Rücken verführt. *Zwembad Van Eyck | Veermanplein 1 | Öffnungszeiten auf www.gent.be/sport | Eintritt 5 Euro*

TRAMFAHRT

Einen Eindruck von verschiedenen Stadtvierteln Gents und ihren Bewohnern vermittelt eine Fahrt mit der Tram 4, die durch Außenbezirke zur historischen Altstadt und dann wieder in Außenbezirke fährt. *Abfahrt am Bahnhof Sint-Pieters,*

ein gemischtes Publikum. Stark im Kommen ist das Viertel *Zuid*. Im Viertel *Patershol* (in der Nähe der Burg Gravensteen) geht es ruhiger zu.

CHARLATAN

Quirliges Lokal, wo bis nach Sonnenaufgang gefeiert wird. Regelmäßig gratis Livekonzerte. Im Nachbarhaus ruhigere Cocktailbar (Di–Sa 16–4 Uhr). *Di–So ab 21 Uhr | Vlasmarkt 6 | www.charlatan.be*

CLUB CENTRAL

Tango und Salsa werden im Erdgeschoss aufgelegt, Popmusik gibt's im Kellergewölbe des Clubs. *Di–So ab 20 Uhr | Hoogport 32 | www.clubcentral.be*

HOPDUVEL
Gemütliche Gartenwirtschaft einer Kleinbrauerei, große Bierauswahl. *Rokerelstraat 10*

INSIDER TIPP JIGGER'S
Im Saloon-Bar-Ambiente mixt Olivier Jacobs aufregende Cocktails − auch mit Genever aus Gent −, mit denen er in Belgien und Europa Wettbewerbe gewonnen hat. *Mo–Do 17–1 Uhr, Fr/Sa 17–2.30 Uhr | Oudburg 16 | www.jiggers.be*

KINKY STAR
Disko des gleichnamigen Plattenlabels, hier legen die besten DJs der Stadt auf. *Di–So 20–5 Uhr | Vlasmarkt 9 | www.kinkystar.com*

VOORUIT
In den Jugendstil-Festsälen der Sozialistischen Arbeiterbewegung wird heute Avantgardetanz, -theater und -musik geboten. Studentenpublikum und verrauchtes Café. *Sint-Pietersnieuwstraat 23 | Tel. 09 2 67 28 28 | www.vooruit.be*

ÜBERNACHTEN

INSIDER TIPP ECOHOSTEL ANDROMEDA ☺
Von der Wärmedämmung über die Bettwäsche und die Wasserklärung bis zum Biofrühstück: Der umgebaute Frachtkahn auf einem ruhigen Kanal ist zu 100 Prozent ökologisch. *2 Zweibettzi. und 2 Zi. für 6 und 8 Personen | Bargiekaai 35 | Tel. mobil 0486 67 80 33 | www.ecohostel.be | €*

HOTEL ERASMUS
Zwei alte Patrizierhäuser mit familiärer Atmosphäre und einem gepflegten Garten. *11 Zi. | Poel 25 | Tel. 09 2 24 21 95 | www.erasmohotel.be | €€*

HOTEL GRAVENSTEEN
Elegantes Hotel in einem stilvollen Patrizierpalais. Einige Zimmer mit Blick auf das Grafenschloss, andere mit Aussicht auf den ruhigen Garten. *49 Zi. | Jan Breydelstraat 35 | Tel. 09 2 25 11 50 | www.gravensteen.be | €€€*

MONASTERIUM POORTACKERE
In einem alten Kloster, auch Gästezimmer in ehemaligen Zellen ohne Bad und Toilette. *45 Zi. und 13 Zellen | Oude Houtlei 56 | Tel. 09 2 69 22 10 | www.monasterium.be | €–€€*

AUSKUNFT
Dienst Toerisme | Sint-Veerleplein 5 | Tel. 09 2 66 56 60 | www.visitgent.be

ZIELE IN DER UMGEBUNG

KASTEEL OOIDONK (125 E4) (⊞ F5)
Das eindrucksvolle Renaissance-Wasserschloss, das noch von den gräflichen Besitzern bewohnt ist, liegt südwestlich von Gent, nur 5 km von der Stadt entfernt. *April–Juni und Sept. So 14–17.30 Uhr, Juli/Aug. Sa/So 14–17.30 Uhr | Eintritt 7 Euro | Ooidonkdreef 9 | Bachte-Maria-Leie | www.ooidonk.be*

OUDENAARDE (125 E5) (⊞ F7)
Die nette Kleinstadt (27 500 Ew.) an der Schelde, 28 km südlich von Gent, ist berühmt für ihre Tapisserien aus dem 16.–18. Jh. Die *verdures* genannten Landschaften waren in ganz Europa begehrt. Prachtexemplare hängen im spätgotischen *Rathaus (April–Okt. Mo–Fr 11 und 15 Uhr, Sa/So 14 und 16 Uhr, nur mit Führung | Eintritt 5 Euro)*, einem Schmuckkästchen am großen Marktplatz.

Die Kirche *Onze-Lieve-Vrouw-van-Pamele* am rechten Scheldeufer zählt zu den schönsten Beispielen der formenstrengen Scheldegotik. Das ⭐● *Centrum Ronde van Vlaanderen (Di–So 10–18 Uhr | Eintritt 8 Euro | Markt 43 | www.crvv.be)* entführt in die mythische Welt der *flandriens*, der flämischen Radrennfahrer (vorzüglicher Museumsshop). Neben dem Rathaus liegt das Hotel und Restau-

der symbolistische Bildhauer George Minne, zur *Zweiten Schule von Latem* zählen Expressionisten wie Constant Permeke. Ihre Arbeiten sind heute in den großen belgischen und internationalen Museen ausgestellt. An die Künstler erinnert das *Museum Dhondt-Dhaenens (Di–So 10–17 Uhr | Eintritt 6 Euro | Museumlaan 14 | Tel. 09 2825123 | www.museumdd.be)*.

Kunstreiche Architektur der flandrischen Spätgotik: das Rathaus von Oudenaarde

rant *Hostellerie La Pomme d'Or (11 Zi. | Markt 62 | Tel. 055 311900 | www.pommedor.be | €€). Auskunft: Dienst Toerisme | Markt 1 | Tel. 055 317251 | www.oudenaarde.be*

SINT-MARTENS-LATEM
(125 E4) (Ⅲ F5)

Sint-Martens-Latem (8200 Ew.) war Belgiens Worpswede – eine Künstlerkolonie an der verschlungenen, beschaulichen Leie, 5 km südwestlich von Gent. Zur *Ersten Schule von Latem* gehören der impressionistische Maler Emile Claus und

VLAAMSE ARDENNEN
(125 E–F5) (Ⅲ F–G 7–8)

Das Hügelland mit seinen vielen Gewässern, Mühlen, Brauereien und lieblichen Dörfern ist ideal zum Entspannen. Es geht im Süden in das *Pays des collines* über, aus *Ellezelles* stammt Agatha Christies Detektiv Hercule Poirot *(Maison du Parc naturel du Pays des collines | Ruelle des Ecoles 1 | Ellezelles | Tel. 068 544600 | www.pays-des-collines.be). Auskunft: Dienst Toerisme Oudenaarde | Markt 1 | Tel. 055 317251 | www.toerisme vlaamseardennen.be*

FLÄMISCH-BRABANT

Sanfte Hügel, liebliche Täler, Dörfer und Kleinstädte voller Kunst prägen Flämisch-Brabant. Im östlichen Hageland, das nahtlos in den limburgischen Haspengau übergeht, gedeihen – wie dort – Weinreben, die verblüffende Tropfen hervorbringen.

Die meisten Landwirte verdienen ihr Geld allerdings mit Zuckerrüben. Im westlichen Pajottenland, an das sich der ländliche Teil der Provinz Ostflandern anschließt, wird Gueuze-Bier gebraut. Mitten in der geruhsamen Provinz geben in der Hauptstadt Leuven seit Jahrhunderten die Studenten von Belgiens ältester Universität den Ton an. Westlich der Stadt gehen moderne Schlafstädte in das Ballungsgebiet um Brüssel über – dort erwartet Sie eine ganz andere Welt.

BRÜSSEL

(129 E–F2) *(M K–L 6–7)* **Belgiens Hauptstadt (Bruxelles, 1,2 Mio. Ew.), im föderalen Königreich ein Stadtstaat, wartet mit starken Kontrasten auf.**

Es gibt zwei offizielle Sprachen, Französisch und Niederländisch. Auf der Straße herrscht jedoch ein babylonisches Wirrwarr, denn zwei Fünftel der Bewohner sind Einwanderer – reiche aus den EU- und Nato-Ländern, arme aus Marokko, der Türkei oder Zentralafrika. Kontrastreich und vielfältig ist auch die Stadt selbst: Neben historischen Prachtbauten stehen seelenlose Neubauten, schicke Viertel grenzen an vergammelte. Die volkstümliche Unterstadt hebt sich von

---

Bild: Palais du Roi in Brüssel

Ein Halbmond um Belgiens Hauptstadt: Abwechslungsreiches Bauernland und die älteste Universität

CITY **WOHIN ZUERST?**

Grand' Place: Der ideale Ausgangspunkt. Nur wenige Minuten zu Fuß und Sie sind in der eleganten Ladenpassage Galeries Saint-Hubert oder im Modeviertel Rue Dansaert, an der Kathedrale, den großen Museen und dem Palais du Roi. Tiefgaragen in unmittelbarer Nähe: Agora, Albertine, Monnaie. Metro 3, 4: Bourse; Metro 1, 5: Gare Centrale.

der eleganten Oberstadt ab. Die Hochkultur lockt mit traumhaften Jugendstilbauten, großartigen Museen und dem berühmten Opernhaus sowie den Kulturzentren Flagey und Palais des Beaux-Arts, die beide Meisterwerke des Art déco sind. Eine coole Off-Szene experimentiert in alten Fabriken mit spannendem Crossover. Brüssel gibt mit all dem aber nicht an, sondern fordert zu Entdeckungen heraus.

Ausführliche Informationen finden Sie im MARCO POLO Reiseführer „Brüssel".

ATOMIUM ⭐

Dank Inoxstahlverkleidung und avantgardistischem Lichtdesign von Ingo Maurer strahlt das Atomium noch heller als bei der Weltausstellung 1958. In den Kugeln gibt es Ausstellungen zu den Fifties und zu aktueller Kunst. 🔅 Traum-

Hochzeiten und Trauerfällen. *Parvis de Sainte-Gudule | Metro: Gare Centrale*

CENTRE BELGE DE LA BANDE DESSINÉE

Belgier nehmen Comics, ihre „neunte Kunst", ernst. Das Comicmuseum ist in einem lichtdurchfluteten Warenhaus des Jugendstilbegründers Victor Horta unter-

Kosmopolitisches Flair und prachtvolle Fassaden: Caféterrasse auf der Grand´ Place

hafter Panoramablick über Brüssel und Umgebung vom (arg teuren) Restaurant in der obersten Kugel. *Tgl. 10–18 Uhr | Eintritt 9 Euro | Bd. Du Centenaire | www. atomium.be | Metro 1A: Heysel*

CATHÉDRALE SAINT-MICHEL ⭐

Die der hl. Gundula und dem hl. Michael geweihte Kathedrale ist das schönste Beispiel der brabantischen Gotik. In der Nationalkirche sind die Herzöge von Brabant und herausragende habsburgische Statthalter begraben. Seit 1830 begeht das belgische Königshaus in diesem Gotteshaus die Feiern anlässlich von Taufen,

gebracht. Hier werden die Klassiker Hergé, Edgar Jacobs und Peyo präsentiert, aber auch die in- und ausländische Avantgarde. Auch eine nette Brasserie gibt es hier. *Di–So 10–18 Uhr | Eintritt 7,50 Euro | Rue des Sables 20 | Metro: Gare Centrale, De Brouckère*

GRAND' PLACE ⭐

Einer der schönsten Plätze der Welt, gesäumt von prächtigen barocken Zunfthäusern. Das sowohl außen als auch innen grandiose spätgotische *Rathaus (Hôtel de Ville | Di/Mi 14.30–16, So 10–12 Uhr | Eintritt 3 Euro)* beherrscht den Platz, auf dem auch täglich Blumen feilgeboten werden. *Metro: Bourse*

MUSÉES ROYAUX DES BEAUX-ARTS DE BELGIQUE ★ ●

Belgiens königliche Kunstmuseen glänzen mit Meisterwerken der altniederländischen Malerei (Hieronymus Bosch, Hans Memling, Joachim Patinir, Rogier van der Weyden), von Pieter Bruegel d. Ä. (u. a. „Die Volkszählung zu Bethlehem"), Peter Paul Rubens und Anthonis van Dyck. Spitzenwerke der Symbolisten James Ensor und Fernand Khnopff sowie hinreißende Jugendstilmöbel und -objekte sind in der Abteilung Fin-de-siècle zu bewundern. Ebenfalls lohnend: die Gemälde der holländischen und der französischen Schule. *Di–So 10–17 Uhr | Eintritt 8 Euro (Kombiticket mit Magritte-Museum 13 Euro) | Rue de la Régence 3 | www.fine-arts-museum.be | Metro: Gare Centrale*

MUSÉE MAGRITTE MUSEUM

Für die weltweit größte und beste Sammlung von Werken des herausragenden Surrealisten wurde ein hinreißender Schrein geschaffen. Briefe, Fotos, Filme und Objekte vermitteln einen tiefen Einblick in Leben, Werk und Zeit. Tipp: Onlinereservierung! *Di–So 10–17 Uhr | Eintritt 8 Euro | Place Royale 1 | www.musee-magritte-museum.be | Metro: Gare Centrale*

PALAIS DU ROI ●

Im neobarocken Stadtschloss arbeiten Belgiens Könige und geben Staatsempfänge. Königin Paola bestückt den Prachtbau mit Werken zeitgenössischer belgischer Künstler. INSIDER TIPP Jan Fabres Decke im Spiegelsaal, ein schillernder Traum aus Millionen Käferpanzern, lohnt allein schon einen Besuch. *Ende Juli–Anfang Sept. tgl. 9.30–16 Uhr | Eintritt frei | Place des Palais | Metro: Trône*

ESSEN & TRINKEN

CAFÉ BELGA
Brüssels Künstler und Kreative, Studenten der Freien Universität und junge Expats genießen im Alten Funkhaus frische Drinks und spritzige Konversation. Riesige Terrasse mit romantischem Blick auf die Weiher gegenüber. Schönes Frühstück, internationale Presse. *So–Do 8–2 Uhr, Fr/Sa 8–3 Uhr | Place Eugène Flagey 1 | www.cafebelga.be | Bus 71*

INSIDER TIPP **KWINT** ● ☼
Die lange Kupferplastik des Stardesigners Arne Quinze unter dem Deckenge-

wölbe ist so spektakulär wie der Blick auf Brüssel und die phantasievollen Gerichte mit Kaviar und Trüffeln. Angesagte Cocktailbar und Terrasse. Kosmopolitisches Publikum. *So geschl.* | *Mont des Arts 1* | *Tel. 02 5 05 95 95* | *www.kwintbrussels. com* | *Metro: Gare Centrale* | €€

IN 'T SPINNEKOPKE

In dem kuscheligen Haus von 1762 kommen Brüsseler Spezialitäten auf den Tisch, vor allem Zubereitungen mit Bier – auch von Fisch und Desserts. Dazu werden über 100 Biere ausgeschenkt. Angenehme Terrasse. Das Publikum: Altbrüsseler, Trendsetter des Modeviertels und Expats. *Sa-Mittag und So geschl.* | *Place du Jardin-aux-fleurs 1* | *Tel. 02 5 11 86 95* | *www.spinnekopke.be* | *Métro Anneessens* | €

EINKAUFEN

Am *Boulevard de Waterloo*, an der *Avenue de la Toison d'Or* und der *Avenue Louise* in der Oberstadt liegen die Luxusboutiquen der internationalen Modeschöpfer, in der *Rue du Bailli* und der *Rue du Page* sowie um *Place du Châtelain, Place Brugmann* und *Place Saint-Boniface* ausgefallene Boutiquen. In der *Rue Dan*-saert in der Unterstadt und um sie herum sind die Antwerpener und Brüsseler Stars (u. a. Jean-Paul Knott und Martin Margiela) angesiedelt.

Alternativ ist die *Rue du Lombard*, volkstümlich die *Rue Neuve* mit großen Ladenketten. Vornehme Traditionshäuser (Delvaux, Neuhaus, Val Saint-Lambert) finden Sie in der eleganten Ladenpassage Galeries Saint-Hubert. Auf der *Place du Jeu de Balle* gibt es einen *Flohmarkt (tgl. 6–14 Uhr),* auf der *Place du Grand Sablon* einen *Antiquitätenmarkt (Sa 9–18, So 9–14 Uhr).* In den Seitenstraßen des Sablon residieren feine Antiquitätengeschäfte und Kunstgalerien.

Der größte, bunteste Viktualienmarkt findet am Südbahnhof statt *(Gare du Midi* | *So 6–13 Uhr).*

AM ABEND

Oper, *Flagey* (das Kulturzentrum im alten Funkhaus), *Palais des Beaux-Arts,* rund 50 Theater, unzählige Tanzensembles, Jazzgruppen, Pop- und Rockbands, eine der weltbesten Cinematheken, Avantgardekinos, heiße Diskotheken und angesagte Loungebars, schicke Clubs, urige Gaststätten – nachts ist Brüssel noch lebendiger als tagsüber.

LAMBIC, GUEUZE UND KRIEK

So heißt der Keim, der nur durch die Luft von Brüssel und vom westlich gelegenen Pajottenland weht. An kühlen Novembertagen kochen die Brauer 65 Prozent Malz, 35 Prozent Weizen und drei Jahre alten Hopfen auf. Die Mischung wird in flache Becken gefüllt, und der Keim löst eine spontane Gärung aus. Danach reift das Gebräu mindestens ein Jahr lang in Holzfässern. Verschiedene Jahrgänge dieses *Lambic* werden verschnitten, auf Flaschen gezogen und wie Champagner vergoren. Das säuerliche, durstlöschende Resultat heißt *Gueuze.* Bei *Kriek* gärt zusätzlich Kirschsaft mit – die Früchte dafür kommen traditionell aus dem Pajottenland.

Hotspots sind die Viertel um die Universität (Studentenkneipen), um *Place Flagey* und *Place du Châtelain* (trendige Brüsseler und Expats), die *Place du Luxembourg* (junge Expats), die *Rue Archimède* und Nebenstraßen (ältere Expats) sowie die *Place Saint-Job* (Yuppies). In der Unterstadt locken *Place Saint-Géry*, *Rue Dansaert* und *Rue de Flandre* alle Trendsetter, um *Marché-au-Charbon* spielt sich das Gaylife ab. Um *Grand' Place* und *Sablon* geht es ruhiger und bürgerlicher zu.

Eine Übersicht gibt es in der Mittwochsbeilage „MAD" der Tageszeitung „Le Soir" und auf *www.agenda.be.*

AUSKUNFT

Visit Brussels | Rue Royale 2–4 und Rathaus (Grand' Place) | Tel. 02 5 13 89 40 | www.visitbrussels.be

Auch Oper und Theater stehen in Brüssel auf dem Programm

ÜBERNACHTEN

BEMANOS

Luxuriöses Boutiquehotel zwischen Südbahnhof und Stadtmitte. Originell gestylte, traumhafte Bäder, zauberhafte Lounge mit Sonnenterrasse, schöner Wellnessbereich. *60 Zi. | Square de l'Aviation 23–27 | Tel. 02 5 20 65 65 | www.bemanos.com | Metro: Gare du Midi | €€€*

HÔTEL PACIFIC

Intimes Designhotel mitten im Modeviertel. Toll gestylte Zimmer und eine nette Art-déco-Bar. *13 Zi. | Rue Antoine Dansaert 57 | Tel. 02 2 13 00 80 | www.hotelcafepacific.com | Metro: Bourse | €€€*

INSIDER TIPP ▶ THE WHITE HOTEL

Im angesagten Teil der Oberstadt. Sehr große, weiße Zimmer mit coolen Designmöbeln, einige mit Terrasse und Panoramablick. Computerkojen, hauseigene Scooter, Biofrühstück, tolle Lounge. *53 Zi. | Avenue Louise 212 | Tel. 02 6 44 29 29 | www.thewhitehotel.be | Tram 94: Bailli | €€*

ZIEL IN DER UMGEBUNG

JARDIN BOTANIQUE NATIONAL

(129 E2) (*M K6*)

Knapp 3 km nördlich vom Atomium liegt Belgiens Nationaler Botanischer Garten. Im Wasserschloss Bouchout des fast 100 ha großen Landschaftsparks dämmerte einst Kaiserin Charlotte von Mexiko vor sich hin. Für Liebhaber besonderer Pflanzenarten gibt es zahlreiche Ecken z. B. mit Hortensien, Magnolien, Rhododendren oder Stauden. Hauptattraktion ist das ● *Palais des Plantes,* eine Miniaturstadt aus 30 gläsernen Gewächshäusern, von denen 13 öffentlich zugänglich sind. Hier gedeihen 18 000 Pflanzenarten, Spezialität sind die verschiedenen Vegetationen Zentralafrikas. Faszinierend ist die Darstellung von 500 Mio. Jahren Evolution. Im Shop werden auch Samen, zwei Sorten Honig und Chicoreemarmelade verkauft. *April–Sept. tgl. 9.30–18.30 Uhr, Okt.–März tgl. 9.30–17 Uhr | Eintritt 5 Euro | Domaine de Bouchout | Nieuwelaan 38 | Meise | www. jardinbotanique.be | Bus De Lijn 250, 251 ab Atomium oder Gare du Nord*

LEUVEN

(130 A5) (𝄜 M6) **Leuven (Löwen, 87 000 Ew.), das ist Flanderns Universitätsstadt. Über 25 000 Studenten der 1425 gegründeten Katholischen Universität und Tausende von jungen Fachhochschülern sorgen für ausgelassenes Leben.**

Während der Semesterferien bringen Rock-, Folk- und andere Festivals Schwung in die Stadt. Leuven blickt aber auch auf eine stolze Geschichte zurück. Hier bauten die Grafen von Leuven im 10. Jh. ihr Reich Brabant auf. Obwohl Leuven in beiden Weltkriegen stark gelitten hat, gibt es noch viele malerische Eckchen zum geruhsamen Flanieren.

SEHENSWERTES

CENTRALE UNIVERSITEITSBIBLIOTHEEK

Amerikanische Mäzene stifteten nach dem Ersten Weltkrieg die imposante Zentralbibliothek mit Glockenspiel im Turm. Die alte Bibliothek war 1914 von den Deutschen niedergebrannt worden. *Monseigneur Ladeuzeplein*

GROOT BEGIJNHOF

Der Große Beginenhof ist eine kleine Stadt in der Stadt. Er wurde in den 1960er-Jahren von der Universität restauriert. In den schmucken Häusern wohnen Gastprofessoren, Doktoranden und Stipendiaten. Die gotische Beginenhofkirche hat ein herrliches Barockinterieur. Die romantischsten Stellen des Beginenhofs liegen am Dijle-Flüsschen. *Schapenstraat*

M MUSEUM

Das prächtige alte Palais lässt nachvollziehen, wie Löwener Patrizier einst lebten. In den eindrucksvollen Neubau von Stéphane Beel locken meisterliche spätgotische Holzskulpturen, spannende wechselnde Ausstellungen und die ❆ **INSIDER TIPP** Dachterrasse mit Panoramablick. *Di–So 11–18 Uhr | Eintritt*

9 Euro (Kombiticket, berechtigt auch zum Eintritt in die Schatzkammer der Sint-Pieterskerk) | Vanderkelenstraat 28 | www.mleuven.be

SINT-PIETERSKERK

An der gotischen Hauptkirche beeindruckt besonders der klare Innenraum. Die Außenseite ist eher bescheiden, zumal die Kirche nie einen Turm bekam. Ein gotisches Triforium mit einem hinreißenden hohen Triumphkreuz grenzt den Chor ab. Die Kanzel ist ein Meisterwerk barocker Holzschnitzerei. Im Chor und seinen Seitenkapellen befinden sich kostbare Kunstwerke, u. a. das „Letzte Abendmahl" (1464–68) des herausragenden Leuvener Malers Dieric Bouts. *Di–Sa (15. März–15. Okt. auch Mo) 10–17, So 14–17 Uhr | Eintritt 2,50 Euro (9 Euro für Kombiticket mit M-Museum)*

STADHUIS ★

Das Rathaus von Leuven ist ein steingewordenes Juwelenkästchen. Der überreich verzierte Bau, an dem u. a. der berühmte Architekt Jan Keldermans arbeitete, gehört zu den Höhepunkten der Brabanter Spätgotik, auch wenn die Skulpturen von Leuvener Würdenträgern und eine Menge anderer Details erst in den Jahren 1841–92 hinzugefügt wurden. *Grote Markt 9*

ESSEN & TRINKEN

WERELDCAFÉ.COOP ♻

Studenten und Intellektuelle, grüne Politiker und sozial engagierte Geistliche treffen sich in dem Café und der Brasserie. **INSIDER TIPP** Ausschließlich biologische und Fairtradeprodukte. *Wechselnde Öffnungszeiten | Helleputteplein 4 | Tel. mobil 0474 41 08 22 | www.wereldcafe.be | €*

DE WIERING

Brasserie in einem urgemütlichen Haus, mehrere Etagen, Dachterrasse. Gute Hausmannskost, auch vegetarisch. *Tgl. | Wieringstraat 2 | Tel. 016 29 15 45 | www.dewiering.be | €*

In der Universitätsstadt Leuven findet sich immer ein Plätzchen zum Plaudern

ZARZA

Modernes, warmes Design, hübsche Veranda und eine lebhafte Bar. Leckere Biergerichte, gute Auswahl an Salaten, Kinderteller. *So geschl. | Bondgenotenlaan 92 | Tel. 016 20 50 05 | www.zarza.be | €€*

AM ABEND

In der Studentenstadt gibt es Hunderte von Gaststätten, in denen ausgiebig gezecht wird – und keine förmliche Polizeistunde. *Grote Markt*, *Oude Markt*, *Muntstraat* und *Tiensestraat* im Zentrum bilden den Mittelpunkt des Treibens.

DE BLAUWE SCHUIT

Nostalgisches Lokal mit hübschem Garten. *Tgl. | Vismarkt 16*

CHESS CAFÉ

Angesagter Treff, wo auch Schach gespielt wird. Do-Abend live Jazz- und Blueskonzerte, Sa und So DJs für Tanz.

LOW BUDGET

▶ Die Brüsseler Hotels gewähren am Wochenende und in der Ferienzeit erhebliche Rabatte. Angebote auf *www.visitbrussels.be.*

▶ *Arsène50* verkauft Eintrittskarten von über 100 Veranstaltern zum halben Preis für Vorstellungen am selben Tag. *Di–Sa 12.30–17.30 Uhr | Rue Royale 2–4 | Brüssel | www.arsene50.be*

▶ Gibt's regelmäßig gratis: Jazz-, Folk- und Popkonzerte auf Brüssels Grand' Place. *www.visitbrussels.be*

Wok-Gerichte. *So–Do 12–15 und 18–24 Uhr, Fr/Sa 18–2 Uhr | Fonteinstraat 1A*

DOMUS

Ein Labyrinth von Räumen auf mehreren Stockwerken, Terrasse. Bombenstimmung, das Bier kommt per Leitung aus der Hausbrauerei. Zur Stärkung gibt es einfache Gerichte. *Tgl. | Tiensestraat 8*

ÜBERNACHTEN

MARTIN'S KLOOSTER

Im Palais des Sekretärs von Kaiser Karl V., das später als Kloster diente, entstand dieses schöne, ruhige Hotel. Salon mit Kamin, eleganter Innenhof, großzügiger Garten, geräumige Zimmer, Parkplatz. *103 Zi. | Predikherenstaat 22 | Tel. 016 213 141 | www.kloosterhotel.com | €€€*

GASTHOF DE PASTORIJ

Freundliches Familienhotel, zentral gelegen, aber ruhig. Komfortable Zimmer, reichhaltiges Frühstück. *7 Zi. | Sint-Michielsstraat 5 | Tel. 016 82 21 09 | www.depastorij.be | €€*

AUSKUNFT

Dienst Toerisme | Naamsestraat 3 | Tel. 016 20 30 20 | www.leuven.be

ZIELE IN DER UMGEBUNG

DIEST ★ (130 B4) (⌨ O5–6)

Die Kleinstadt (22 000 Ew.) liegt malerisch zwischen einer Biegung des Demer-Flüsschens und einem grünen Hügel mit Zitadelle, 27 km nordöstlich von Leuven. Den *Grote Markt* beherrscht die *Sint-Sulpitiuskerk.* Der gotische Westbau besteht aus französischem Kalkstein, Schiffe und Chor aus dem lokalen rotbraunen Eisensandstein. Das Innere prägen ein spätgotisches Triumphkreuz, der barocke Hochaltar und die barocke Kanzel. Im Chor ist Philipp Wilhelm von Oranje-Nassau begraben. Das Fürstengeschlecht besaß Diest von 1499 bis 1794. Im Chorumgang ist die *Schatzkammer (Juli/Aug. Di–So 14–17 Uhr, Mai/Juni und Sept. Sa–So 14–17 Uhr | Eintritt 1,50 Euro)* mit wertvollen Kleinoden zu besichtigen. Das ebenfalls am Marktplatz gelegene *Rathaus* ist ein eleganter klassizistischer Bau. In den Kel-

ZOUTLEEUW (130 B5) (*Ø O7*)

37 km östlich von Leuven liegt dieses verschlafene Städtchen (7700 Ew.). Das Flüsschen Kleine Gete und das wasserreiche Naturschutzgebiet *De Vinne* umschließen es. Die gotische *Sint-Leonarduskerk (April–Sept. Di–So 10–12 und 13.30–17 Uhr, Okt.–März Di–Fr 10–12 und 13.30–16 Uhr | Eintritt 2 Euro)* quillt von kostbaren Kunstwerken über.

Schön gelegenes Städtchen mit viel Atmosphäre: am Grote Markt von Diest

lergewölben zeigt das *Stadsmuseum De Hofstadt (Mai–Sept. tgl. 10–12 und 13–17 Uhr, Okt.–April Mo und Feiertage geschl. | Eintritt 4 Euro)* alle Aspekte der Geschichte und des Kunsthandwerks von Diest. Eine barocke Pforte führt in den *Begijnhof:* Die 90 Einzel- und Gemeinschaftshäuser bilden eine kleine Stadt mit winkligen Pflastersteingassen. Viele weitere Baudenkmäler, der *Warande-Park* in der Stadtmitte und die grüne Umgebung verführen zum Weiterspazieren. *Auskunft: Toerisme Diest | Grote Markt 1 | Tel. 013 35 32 74 | www.toerismediest.be*

Auf der anderen Seite des Marktplatzes liegt das *Renaissance-Rathaus*. Daran schließt sich die mittelalterliche *Tuchhalle* an – sie liefert die Erklärung für den Reichtum des Städtchens. In ihrem Inneren ist heute die nette *Taverne Lakenhal (Mo geschl.)* mit Terrasse untergebracht. Hier werden die fruchtigen Weine aus dem Hageland nordwestlich der Stadt serviert. Der *Stedelijke Toeristische Dienst (Markt 11 | Tel. 011 78 12 88 | www. zoutleeuw.be)* – ebenfalls in der Tuchhalle – **INSIDER TIPP** verkauft einige der seltenen Tropfen.

ANTWERPEN

Als Welthafen ist Antwerpen bekannt. Auch der Diamantenhandel trägt sein Steinchen zum Bruttoinlandsprodukt von ganz Flandern bei, und der Modesektor bringt zusätzlichen Glamour.

Industrie und Handel der Stadt Antwerpen verdrängen manchmal aus dem Bewusstsein, dass es noch die Provinz Antwerpen gibt – mit wunderbaren Naturgebieten vor den Toren der Metropole und geschichtsträchtigen Städten wie Mechelen und Turnhout. Nördlich des Albert-Kanals erstreckt sich die Landschaft Kempen mit kargen Sandböden, Kiefern, Birken und Heidekraut. Eingestreut liegen verträumte Seen und ruhige Kanäle, herbe Moore, stille Dörfer und zauberhafte Abteien. Südlich des Albert-Kanals bestimmen Felder und Gewächshäuser das Bild. Auf den fruchtbaren Böden gedeihen Kartoffeln und Gemüse, Früchte und Blumen, die auf dem Großmarkt in Sint-Katelijne-Waver verkauft werden. Berühmt sind der Chicoree und der Spargel der Gegend, ein Tipp für Feinschmecker die *Mechelse Koekoek* genannten feinen Hühnchen.

ANTWERPEN

KARTE IM HINTEREN UMSCHLAG (127 D–E 4–5) (*M K–L 3–4*) *Sinjoren*, Herren, nennen sich die Antwerpener voller Stolz, und ihre Stadt **(470 000 Ew.)** *metropool.* In der Hauptstadt Brüssel, behaupten sie, wird Geld ausgegeben, in Antwerpen verdient.

Bild: Grote Markt in Antwerpen

Flanderns brillanter Mittelpunkt: Eine attraktive Provinz umgibt die quirlige Wirtschafts- und Kulturmetropole

CITY ▶ **WOHIN ZUERST?**

Grote Markt: Der Marktplatz mit dem Rathaus liegt zentral. Ein Gässchen führt zur Kathedrale, in wenigen Minuten erreichen Sie zu Fuß Rubenshuis, Plantin-Moretus-Museum, Modemuseum, die Einkaufsviertel und das Scheldeufer. Parkhäuser: Groenplaats, Meir, Rubens. Vom Bahnhof Tram 2, 15 (Richtung Linkeroever) bis Groenplaats.

Ganz Belgien lächelt über diesen Hang zur Großspurigkeit. Doch wer könnte es den *sinjoren* verübeln, dass sie ihre Stadt als Mittelpunkt betrachten?

Antwerpens Hafen ist nun einmal der zweitgrößte Europas. An vier Spezialbörsen wird mehr als die Hälfte aller Diamanten und Brillanten der Welt gehandelt. Antwerpen bringt geradezu massenweise Modeschöpfer, Maler und Musiker hervor, lockt Theatermacher, Tänzer, Dichter und Verleger an – die kulturelle Szene sorgt für reges Leben. Das

Antwerpen – quirlige Metropole, aber auch Stadt zum entspannten Flanieren

alles mit einer historischen Perspektive: Schließlich zählte die Stadt an der Schelde im 16. Jh. zu Europas wichtigsten Handels- und Finanzplätzen. Nach den Wirren der Glaubenskriege bewirkte die Gegenreformation ein weiteres „Goldenes Zeitalter", in dessen Mittelpunkt die Maler Peter Paul Rubens und Anthonis van Dyck glänzten. Trotz der schweren deutschen Bombardements im Winter 1944/45 zeugen heute noch viele Bauten und Kunstschätze von der glanzvollen Vergangenheit einer Stadt, in der das Leben wie nirgendwo sonst in Flandern pulsiert.

SEHENSWERTES

CENTRAAL STATION

Der Zentralbahnhof im Stil der Neorenaissance ist ein grandioses Denkmal des Industriezeitalters. Die marmorne Halle und die imposante Treppe sind eines Schlosses würdig. *Koningin Astridplein*

CONSCIENCEPLEIN

Peter Paul Rubens entwarf die elegante Barockfassade, den Hochaltar und die Marienkapelle der Jesuitenkirche *Sint-Carolus-Borromaeus*. Nebenan bauten die Pater ihre Akademie. Dem beliebten Platz mit dem Denkmal des Schriftstellers Hendrik Conscience verleiht ein sanft plätschernder Brunnen Anmut.

DIAMANTMUSEUM

Hinter einer Art-déco-Fassade führt das Diamantenmuseum in die Welt des *steentje* ein, wie die Antwerpener die Glitzerdinger nennen. Fotos dokumentieren die Förderung, ein Schleifer demonstriert live sein Können, die geologische Entstehung und technische Anwendungen werden erläutert. Am meisten faszinieren jedoch die kostbaren Geschmeide, die hier in Hülle und Fülle zu sehen sind, darunter Kopien der englischen Kronjuwelen. *Do–Di 10–17.30 Uhr, Jan. geschl. | Eintritt 6 Euro | Koningin Astridplein 19–23 | www.diamantmuseum.be*

DIAMANTWIJK

Das Viertel des Diamantenhandels bildet ein „S" aus *Rijpstraat*, *Hoveniersstraat* und *Schupstraat*. Durch das Mini-Manhattan eilen die gestressten Händler: orthodoxe Juden, Inder, Libanesen, Russen. Massenweise Kameras, Bodyguards und Polizisten beäugen jeden Passanten argwöhnisch. Schließlich werden hier jedes Jahr rund 45 Mrd. Euro umgesetzt.

INSIDER TIPP 'T EILANDJE

Der alte Hafen ist das neue Trendviertel im Norden der Stadt, in dem es sich herrlich bummeln lässt. Aus Lagerhäusern wurden Lofts, Theater, Diskotheken. Von den Stararchitekten Hans Kollhoff und Richard Meier stammen spektakuläre Neubauten. Am Kai schaukeln Yachten. Am *Rijnkaai* baut das amerikanische Architektenbüro Beyer, Blinder, Belle die ehemaligen Abfertigungshallen der Red Star Line zum *Museum der Emigration und Immigration* um. Bei allem Glamour – die Atmosphäre ist hier rauer als im Viertel Zuid.

FOTOMUSEUM

Eindrucksvolles, dynamisches Haus, das neben Klassikern die aktuellen Tendenzen bringt – und sogar starke Schnappschüsse ganz gewöhnlicher Leute. *Di–So 10–17 Uhr | Eintritt 6 Euro | Waalse Kaai 47 | www.fotomuseum.be*

GROTE MARKT

Ein weites Dreieck bildet Antwerpens Marktplatz mit dem *Rathaus*. Den massigen Renaissancebau entwarf Cornelis Floris im Jahr 1561. Davor steht der monumentale *Brabo-Brunnen* von 1887. Die meisten Häuser am Platz wurden um 1900 als Gaststätten gebaut.

HAFENRUNDFAHRTEN

Mit einer Ausdehnung von 13 500 ha ist Europas zweitgrößter Hafen riesig, und am linken Scheldeufer werden weitere Docks entstehen. Tag und Nacht herrscht hektischer Betrieb. Die zweistündige Hafenrundfahrt ist ein Erlebnis. Besonders eindrucksvoll ist eine INSIDER TIPP *Candlelight Cruise*. *Hafenrundfahrt Mai–Sept.*

⭐ **MAS**
Das Museum am Strom bietet den schönsten Panoramablick – und das gratis → S. 72

⭐ **ModeNatie**
In Antwerpen: Tempel der jungen flämischen Modeszene → S. 73

⭐ **Onze-Lieve-Vrouwekathedraal**
Gotischer Prachtbau voller Rubens-Bilder in Antwerpen → S. 73

⭐ **Plantin-Moretus-Museum**
In der Humanisten-Druckerei in Antwerpen ist die Zeit stehen geblieben → S. 74

⭐ **Rubenshuis**
Der Meister ganz intim in Atelier, Wohnhaus und Garten: Das Stadtpalais in Antwerpen ließ Peter Paul Rubens 1610 erbauen → S. 74

⭐ **Sint-Romboutskathedraal**
Imposanter Sitz des Kardinalerzbischofs in Mechelen mit zwei Glockenspielen, die regelmäßig erklingen → S. 82

⭐ **Abdij van Averbode**
Mitten zwischen Wäldern und Wiesen liegt Flanderns schönste Abtei mit ihrer prachtvollen Barockkirche → S. 83

MARCO POLO HIGHLIGHTS

tgl. 13.30 Uhr, Okt.–Nov. Fr–So 10.30 und 13.30 Uhr (14,50 Euro) | Candlelight-Cruise 1. und 3. Sa des Monats, 19.30 Uhr (69 Euro) | Abfahrt Londenbrug/Haven-kaai 14 | www.flandria.nu

KONINKLIJK MUSEUM VOOR SCHONE KUNSTEN

Im Mittelpunkt des neoklassizistischen Prachtbaus stehen selbstverständlich monumentale Arbeiten der weltberühm-tekten Willem Jan Neutelings und Mie-chiel Riedijck für das MAS (Museum aan de Stroom) im alten Hafen entworfen haben. Der ● ☀ Wandelboulevard mit Rolltreppen führt bis zur Aussichtsplatt-form im 10. Stock und gewährt hinrei-ßende Panoramablicke auf Stadt und Umgebung. In den Sälen ohne Tageslicht werden Antwerpens Geschichte, die Ent-wicklung der Schifffahrt, Alltagsleben und Gebräuche in der multikulturellen

Kunstbetrachtung unter freiem Himmel: der Landschaftspark des Middelheimmuseums

ten Barockmaler Peter Paul Rubens, An-thonis van Dyck und Jacob Jordaens. Daneben sind aber auch die altnieder-ländische Schule (Hans Memling, Jan van Eyck) und die belgische Moderne (James Ensor, Rik Wouters) mit Meister-werken vertreten. *Wegen Renovierung bis ca. 2017 geschlossen | Leopold de Waelplaats | www.kmska.be*

MAS ⭐

60 m hoch ist der Turm aus Sandstein und gewellten Glaspartien, den die Archi-Stadt illustriert. Im 8. Stock ist eine ex-quisite INSIDER TIPP Sammlung präko-lumbischer Kostbarkeiten zu bewundern. Den Vorplatz schmückt das riesige Mo-saik „Dead Skull" von Luc Tuymans. Au-ßerdem bietet das Museum eine Cafete-ria mit schöner Terrasse und einen vorzüglichen Shop. *Wandelboulevard tgl. 9.30–24 Uhr, Eintritt frei | Museum Di–So 10–17 Uhr, Eintritt 5 Euro (Kombiticket Museum/Sonderausstellungen 10 Euro), letzter Mi des Monats frei | Hanzesteden-plaats 1 | www.mas.be*

MIDDELHEIMMUSEUM ●

In einem 30 ha großen Landschaftspark stehen Hunderte von monumentalen Plastiken, u. a. von Jean Arp, Henry Moore und Auguste Rodin. Jährlich wird die Sammlung erweitert. In zwei modernen Pavillons von Renaat Braem und Paul Robbrecht werden zerbrechlichere Plastiken bzw. Sonderausstellungen gezeigt, im neobarocken Schlösschen sind Besucherzentrum, Cafeteria und Shop untergebracht. *Di–So Okt.–März 10–17, April und Sept. 10–19, Mai und Aug. 10–20, Juni/Juli 10–21 Uhr | Eintritt frei | Middelheimlaan 61 | www.middelheimuseum.be*

MODENATIE ★

Der faszinierende Bau der Architektin Marie-José van Hee beherbergt das Modemuseum *MoMu* mit attraktiven Ausstellungen, die Modeabteilung der Kunsthochschule und Vitrinen für Avantgardeprojekte sowie das *Flanders' Fashion Institute,* das die Modeschöpfer der Stadt in aller Welt bekannt macht. Die phantastische Bibliothek ist öffentlich und kostenlos zugänglich, der Buchladen `INSIDER TIPP` *Copyright* (www.copyright bookshop.be) ist hervorragend sortiert. *Di–So 10–18 Uhr | Eintritt 8 Euro | Nationalestraat 28 | www.momu.be*

MUSEUM VOOR HEDENDAAGSE KUNST (MUHKA)

Ein riesiger Getreidespeicher am alten Hafen wurde zum Museum für zeitgenössische Kunst umfunktioniert. Die Sammlung wird ständig neu präsentiert, daneben finden wechselnde Ausstellungen und Workshops für Kinder statt. Auf dem Dach gibt es ein nettes Café mit einem Wandgemälde von Keith Haring sowie zwei große ☀ Terrassen mit wunderbarer Aussicht. *Di–So 10–18 Uhr | Eintritt 8 Euro | Leuvensestraat 32 | www.muhka.be*

MUSEUM MAYER VAN DEN BERGH

Nach dem Tod des Sammlers Fritz Mayer van den Bergh 1901 ließ seine Mutter das Museum im Stil eines alten Patrizierhauses bauen. Zu sehen sind kostbare altniederländische Gemälde, Möbel, Plastiken und Tapisserien. Zu den Höhepunkten zählen das verschwenderisch ausgemalte Breviarium und Pieter Bruegels „Dulle Griet". *Di–So 10–17 Uhr | Eintritt 8 Euro, Kombiticket mit Rubenshuis 10 Euro | Lange Gasthuisstraat 19 | www.museum mayervandenbergh.be*

MUSEUM VLEESHUIS

500 Jahre alt ist die herrliche gotische Fleischhalle. Mit Instrumenten, Gemälden, Stichen und modernsten audiovisuellen Mitteln werden alle Aspekte von 600 Jahren Musik und Tanz in der Stadt illustriert. *Di–So 10–17 Uhr | Eintritt 5 Euro | Vleeshouwersstraat 38–40 | www. museumvleeshuis.be*

ONZE-LIEVE-VROUWEKATHEDRAAL ★

Die Außenseite der gotischen Liebfrauenkathedrale mit dem unvollendeten Turm wirkt zerstückelt. Drinnen beeindruckt das fünfgliedrige, breite Längsschiff, an das sich das lichtdurchflutete, höhere Querschiff und der Chor anschließen. Hier hängen berühmte Rubens-Bilder: im Querschiff die „Kreuzaufrichtung" (1610) und die „Kreuzabnahme" (1624), in der Mitte des barocken Hochaltars „Mariä Himmelfahrt" (1626; die rot gewandte Frau am Grab stellt Rubens' erste Frau Isabella Brant dar, die 1626 an der Pest starb) und die „Auferstehung Christi" (1612) in der zweiten Seitenkapelle rechts. Regelmäßig Orgelkonzerte, montagabends Glockenspielkonzerte. Vom ☀ Turm bietet sich eine wundervolle Aussicht. *Mo–Fr 10–17, Sa 10–15, So 13–16 Uhr | Eintritt 5 Euro | Handschoenmarkt | www.dekathedraal.be*

PLANTIN-MORETUS-MUSEUM ★

Im Jahr 1548 ließ sich der französische Drucker Christophe Plantin in Antwerpen nieder. Nach seinem Tod übernahm sein Schwiegersohn Jan Moretus die *Officina Plantiniana,* die wichtige Schriften der Humanisten und Bibelübersetzungen sowie Wörterbücher und Partituren veröffentlichte. 1876 verkaufte Edward Moretus das renaissancezeitliche Anwesen mit der gesamten Einrichtung an die Stadt. In den prunkvollen Salons im Erdgeschoss stehen kostbare Möbel, an den Wänden hängen Rubens-Porträts. Im ersten Stock befinden sich zwei imposante Bibliotheken. Auch die Werkstätten, Büros und Lager zeugen von der Druckerdynastie. *Di–So 10–17 Uhr | Eintritt 8 Euro | Vrijdagmarkt 22 | museum.ant werpen.be/plantin_moretus*

ROCKOXHUIS

Im Patrizierpalais des humanistischen Bürgermeisters Nicolaas Rockox (1560–1640) scheint die Zeit stehen geblieben zu sein. Kostbare Möbel und Tapisserien sowie einige der ältesten flämischen Landschaftsbilder verleihen dem Haus Glanz. *Di–So 10–17 Uhr | Eintritt 2,50 Euro | Keizerstraat 12 | museum.antwer pen.be/rockoxhuis*

RUBENSHUIS ★

Peter Paul Rubens malte nicht nur für Europas Elite, er war auch ein leidenschaftlicher Sammler und geschickter Diplomat. Das Renaissancepalais, das er sich 1610 bauen ließ – samt Pantheon für seine Kostbarkeiten, Atelier und Lustgarten –, spiegelt seinen Status wider. Zu den Glanzlichtern gehören einige der schönsten (Selbst-)Porträts des Meisters. Regelmäßig Ausstellungen von Weltklasse. *Di–So 10–17 Uhr | Eintritt 8 Euro, Kombiticket mit Museum Mayer van den Bergh 10 Euro | Wapper 9–11 | www. rubenshuis.be*

SINT-ANNATUNNEL

1931–33 wurde die Schelde untertunnelt, um das historische Zentrum mit neuen Wohnvierteln am linken Ufer zu verbinden. Altmodische Rolltreppen und Aufzüge in weiß gekachelten Art-déco-Treppenhäusern bringen die Fußgänger hinunter. Vom ☀ *Linkeroever* haben Sie einen herrlichen Blick auf Alt-Antwerpen. *Sint-Jansvliet*

SINT-JACOBSKERK

Der massige gotische Turm und das wuchtige Querschiff beherrschen die Altstadt. Im Innenraum empfängt barocke Pracht aus schwarzem und weißem Mar-

PERSONAL SHOPPER ANTWERPEN

Die schiere Anzahl der Boutiquen belgischer und ausländischer Modeschöpfer, dazu noch die Läden für Vintage- und Secondhandkleidung verwirren manche Fashionistas: Welchen Stil suchen sie persönlich, wo sollen sie zuerst hingehen, wie sagen sie stilvoll „Nein, danke", wenn ihnen etwas nicht gefällt? Die Lösung: ein *personal shopper.* Er oder sie klären vorab Interessen und Wünsche, bereiten Boutiquebesuche vor und begleiten beim Shopping. Dabei plaudern sie nicht nur über Mode, sondern über viele Aspekte der Stadt. *www.dn-travel.be | www.recycleyourwardrobe. be | www.tanguyottomer.com*

mor, Silber und Messing die Besucher. Hier heiratete Peter Paul Rubens 1630 seine zweite Frau Hélène Fourment, und hier wurden auch die fünf Kinder aus dieser Ehe getauft. In der Kapelle hinter dem Hochaltar ruht der Malerfürst. Auf dem Altargemälde hat die Muttergottes die Gesichtszüge von Hélène Fourment. *April–Okt. tgl. 14–17 Uhr | Eintritt 2 Euro | Lange Nieuwstraat 73–75 | www.topa.be*

STEEN

Das älteste Gebäude von Antwerpen – es wurde von 1200 bis 1225 errichtet – war ursprünglich eine mächtige Burg, die der Verteidigung von Stadt und Hafen diente. Im 19. Jh. wurde dann der größte Teil der Anlage abgerissen, um die Kaimauern zu begradigen. Die heutige Hafenpromenade ist eine beliebte Flaniermeile. *Steenplein 1*

Rubenshuis in Antwerpen: Wohnhaus, Atelier und Garten des berühmten Malers

SINT-PAULUSKERK

Außen präsentiert sich das Gotteshaus in elegant spätgotischem Stil. Das barocke Interieur bildet eine echte Schatzkammer: Die besten Holzschnitzer lieferten Chorgestühl und Beichtstühle, die berühmtesten Maler der Stadt (u. a. Anthonis van Dyck) gestalteten die 15 Mysterien des Rosenkranzes. Ein herrliches Madonnenbild ist eine meisterliche Caravaggio-Kopie. Auf der vorzüglichen Barockorgel werden regelmäßig Konzerte gegeben. *Mai–Sept. tgl. 14–17 Uhr | Eintritt frei | Veemarkt 14 | www.topa.be*

ZUID

Um das zugeschüttete Becken des alten Hafens entstand in den 1990er-Jahren *the place to be.* Aus Lagerhäusern und Handelskontoren wurden moderne Museen und Theater, Kunstgalerien und Designläden, coole Bars und Restaurants, schicke Büros und Lofts. In diesem Viertel stehen zahlreiche spektakuläre Neubauten von Stararchitekten, das Glanzlicht ist der Justizpalast von Richard Rogers, Ove Arup und Partnern mit seinen markanten Kupferhauben. *Vlaamse Kaai/ Waalse Kaai*

ZURENBORG

Ende des 19. Jhs. bauten die Unternehmer Cogels und Osy das seinerzeit modischste Viertel der Stadt. Die rund 200 Fassaden sind neugotisch, neobarock, Renaissanceimitation oder Abklatsch des Brüsseler Jugendstils. Heute noch sind die Zeugnisse der Antwerpener Belle Époque absolut in. *Cogels-Osylei | Bahnhof Berchem*

Tisch. *Mo/Di und mittags geschl. | Reyndersstraat 17 | Tel. 03 2 32 88 38 | €€*

CAFÉ-RESTAURANT DE KAAI ☼

Hangar im alten Hafen, Terrasse mit herrlichem Scheldeblick. Am Wochenende ab ca. 23 Uhr Tanz. Bis 2 Uhr morgens geöffnet. *Sa-Mittag und So geschl. | Rijnkaai 94 | Tel. 03 2 33 25 07 | www.de-kaai.be | €€*

Nach dem Sightseeing: gelassener Zeitvertreib in einem der vielen Antwerpener Cafés

ESSEN & TRINKEN

INSIDER TIPP ▶ AAHAAR

Nettes indisches Restaurant, hier gibt's ein abwechslungsreiches vegetarisches Buffet für 9 Euro! *Tgl. | Lange Herentalsestraat 23 | Tel. 03 2 26 00 52 | www.aahaar.com | €*

BIJ LAM & YIN

Leichte, frische chinesische Küche mit hier und da einem belgischen Tupfer kommt in diesem Restaurant auf den

DÔME-SUR-MER

An der großen Theke gibt es frische Schalentiere und gute Fischgerichte. Ungezwungene Atmosphäre, modisches Publikum. *Sa-Mittag und So/Mo geschl. | Arendstraat 1 | Tel. 03 2 81 74 33 | www.domeweb.be | €€*

INSIDER TIPP ▶ THE GLORIOUS

Diese orientalisch gestylte Weinbar im Trendviertel Zuid bietet eine super Auswahl an glasweise ausgeschenkten Weinen und leckere Bistrogerichte. *Mo ge-*

schl. | De Burburestraat 4a | Tel. 03 2 37 06 13 | www.theglorious.be | €–€€

HET GEBAAR LUNCH LOUNGE
In einem Cottage im Botanischen Garten erfindet Roger van Damme traumhafte molekulare Gerichte und Patisserie. Unbedingt reservieren! Geöffnet 11–18 Uhr. *So/Mo geschl. | Leopoldstraat 24 | Tel. 03 2 93 72 32 | www.hetgebaar.be | €€€*

LOMBARDIA
„Food for the people" serviert dieser etwas schräge Treff mit Terrasse. Frische Gemüse- und Obstsäfte, Ingwertee, Suppen und Tapas. Geöffnet 8–18 Uhr. *So geschl. | Lombardenvest 78*

ZUIDERTERRAS ● ☙
Dampferförmiges, modernes Caférestaurant über der Schelde. Herrliche Aussicht, tgl. bis 24 Uhr geöffnet. *Ernest Van Dijckkaai 37 | Tel. 03 2 34 12 75 | www.zuiderterras.be | €*

EINKAUFEN

Antwerpen ist ein Shoppingparadies. Ladenketten dominieren auf der *Meir,* Luxusboutiquen um *Huidevettersstraat* und *Schuttershofstraat.* Die Boutiquen der Antwerpener Modeschöpfer und tolle Secondhandläden liegen um die *Nationalestraat,* schräge Trends bietet die *Kammenstraat.*
Im Viertel *Zuid* und am *Mechelse Steenweg* gibt es angesagte Kunstgalerien und Einrichtungshäuser, um *Conscienceplein* und *Leopoldstraat* feine Antiquitäten, in der *Kloosterstraat* Trödel. Zwischen *Vestingstraat* und *Rijpstaat* finden Sie teure Juweliere.
Gigantisch ist der *Sonntagsmarkt (8–13 Uhr)* am Oude Vaartplaats, Restposten und Konkursware werden auf dem *Vrijdagmarkt (Fr 9–13 Uhr)* versteigert.

ANTWERPS KOOKHUYS
Ein Traum für (Hobby-)Köche, die hier alles finden. *Terninckstraat 1 | www.antwerpskookhuys.be*

RECORD COLLECTOR
Riesenauswahl alter und neuer LPs und CDs mit Blues, Jazz, Pop und Rock, viele für 1 Euro. *Lange Koepoortstraat 70*

INSIDER TIPP ▶ GÜNTHER WATTÉ
Ausgefallene Pralinenkreationen, feinste Törtchen und exklusive Kaffeesorten, auch im eleganten Café im Modeviertel zu genießen. *Mo geschl. | Steenhouwersvest 30*

DE WINKELHAAK
Neues Zentrum für junge flämische Designer in einem bunten, lebhaften Viertel. Mehrere Designläden liegen in der Nachbarschaft. *Lange Winkelhaakstraat 26 | www.winkelhaak.be*

XSO
Supermodern gestylter Laden für Mode von Issey Miyake bis Tim Van Steenbergen. *Eiermarkt 13–17 | www.xso.be*

FREIZEIT & SPORT

BADBOOT ☺
Ein zum imposanten Schwimmbad umgebauter Schubkahn mit cool gestylten Sonnenterrassen, Loungebar und Restaurant liegt in einem weiten Hafenbecken des Trendviertels 't Eilandje. Im Winter wird das Badebecken zur Eisbahn, auf der man Schlittschuh laufen und Curling spielen kann. Bei und nach Sonnenuntergang ist die Atmosphäre magisch. Für Schwimmbad und Eisbahn besteht Reservierungspflicht! Das *Badboot* liegt auch ökologisch im Trend: Bade- und Duschwasser werden in einem Kiesbett, das mit Dünengräsern bepflanzt ist, gefiltert.

Bei kühlem Wetter kommt das Wasser nachts in einen Thermos-Tank unter dem Becken, um nur minimal Wärme zu verlieren. Bei Einbruch der Dunkelheit wird das *Badboot* mit LED beleuchtet. *Tgl. 10–22 Uhr, Loungebar 10–24 Uhr | Eintritt 4 Euro pro Stunde | Kattendijkdok Oostkaai 20 | www.badboot.be*

AM ABEND

Im alten Rotlichtviertel zwischen *Orteliuskaai* und *Paardenmarkt* pulsiert auch das Clubbing, zwischen *De Keyserlei* und *Gemeentestraat* gibt es ebenfalls zahlreiche Bars. Stylish geht es im Viertel *Zuid* zu, etwas bürgerlicher um *Conscienceplein* und *Theaterplein,* stark im Kommen ist das Nachtleben im alten Hafen *'t Eilandje.*

AMUZ ●

Das einzigartige Musikzentrum in der barocken Augustinerkirche bringt ausschließlich historische Interpretationen auf Originalinstrumenten zu Gehör, vom Mittelalter bis zu den 1930er-Jahren. Organisator des Festivals *Laus polyphoniae. Kammenstraat 81 | Tel. 03 2 02 46 69 | www.amuz.be*

INSIDER TIPP CAFÉ KULMINATOR

Top-Bierlokal, über 600 Spezialitäten. *So geschl. | Vleminckveld 32*

DE MUZE

Führender Jazzclub, angenehm intim. Fast jeden Tag Livekonzerte nach 22 Uhr. *Tgl. 12–4 Uhr | Melkmarkt 15*

NOXX

Die Kathedrale unter den Clubs und Diskos ist von Stardesignern super gestylt. Neben der großen Tanzfläche kleinere, mit unterschiedlichen Sounds von House bis Lounge. VIP-Lounges, Separees mit Luxusservice, Restaurant. Der absolute In-Treff. *Do 23–6 Uhr, Fr/Sa 23–7 Uhr | Straatsburgdok/Noordkaai | www.noxx antwerp.be*

RED & BLUE

Eine der größten Gaydiskos Europas, im neuen Trendviertel. Junge Gäste, kosmopolitische Atmosphäre. Der Club organisiert auch im August das Gayfestival *Navigaytion (www.navigaytion.be). Fr/Sa 23–7 Uhr | Lange Schipperskapelstraat 11–13 | www.redandblue.be*

DE SINGEL

Angesagtes Kulturzentrum für modernen Tanz, Avantgardetheater und alle Musikgenres. *Desguinlei 25 | Tel. 03 2 48 28 28 | www.desingel.be*

ÜBERNACHTEN

Nette, aber nicht unbedingt preiswerte Bed-and-Breakfasts und Ferienwohnungen vermittelt *www.gastenkamersant werpen.be,* möblierte Apartments (1–4 Schlafzi.) für längere Aufenthalte hat *www.antwerpflats.be.* Allgemeine Hotelbuchungen: *www.visitantwerpen.be.*

HOTEL BANKS

Designhotel mitten im Modeviertel, trendiges Café, Lounge und Dachterrasse. *70 Zi. | Steenhouwersvest 55 | Tel. 03 2 32 40 02 | www.hotelbanks.be | €*

INSIDER TIPP DOCKLANDS HOTEL

Modernes, komfortables Hotel im neuen Trendviertel. *32 Zi. | Kempisch Dok Westkaai 84–90 | Tel. 03 2 31 07 26 | www. docklandshotel.be | €€*

PULCINELLA

Cool gestylte, komfortable Jugendherberge mitten im Modeviertel. Auch die schicke Bar lohnt einen Besuch. *47 Zi.*

(162 Betten) | Bogaardeplein 1 | Tel. 03 2 34 03 14 | www.jeugdherbergen.be | €

DE WITTE LELIE

Elegantes Barockpalais im historischen Stadtkern. Wunderbare Salons um einen Patio, traumhafte Zimmer, stilvoller Service. Tiefgarage. *10 Zi. | Keizerstraat 16–18 | Tel. 03 2 26 19 66 | www.dewitte lelie.be | €€€*

AUSKUNFT

Antwerpen Toerisme & Congres | Grote Markt 13 | Tel. 03 2 32 01 03 | www. visitantwerpen.be

statt. Ein besonderes Erlebnis ist die Anfahrt mit dem Fahrrad durch Felder und Wälder am Kanal Turnhout–Dessel entlang (22 km, Fahrradmiete beim *Fietspunt* am Bahnhof Turnhout). *Abdijlaan 16B | Tel. 014 37 81 21 | www.abdijpostel.be*

ARBORETUM KALMTHOUT ☺
(127 E3) (*⬚ L2*)

1857 begann ein Gartenbauer mit der Anlage dieses 12 ha großen botanischen Gartens 12 km nördlich von Antwerpen. Zu jeder Jahreszeit faszinieren Tausende genau beschriebener Pflanzen die Besucher. Weltruf genießen die von Jelena De Belder gezüchteten Hamamelis- und

Im Arboretum Kalmthout lässt sich zu jeder Jahreszeit ein lehrreicher Tag verbringen

ZIELE IN DER UMGEBUNG

ABDIJ VAN POSTEL (130 C2) (*⬚ P3*)

45 km östlich von Antwerpen liegt inmitten ausgedehnter Wälder die Norbertinerabtei mit romanischer Kirche, reich ausgestatteter Bibliothek und einem Laden, in dem traditionelle Produkte der Mönche verkauft werden. Im Sommer finden Orgel- und Glockenspielkonzerte

Christrosensorten. Im Januar und Februar werden **INSIDER TIPP** Hamamelis-Feste veranstaltet. Vorzüglicher Shop mit Pflanzen, Gartengeräten und Fachbüchern, Cafeteria. *15. März–15. Nov. tgl. 10–17 Uhr, Führungen 11 und 14 Uhr | Eintritt 4 Euro | Kalmthout | Heuvel 2 | www. arboretumkalmthout.be | Anfahrt über N1 und N117 oder mit dem Zug Antwerpen–Essen (Bahnhof Kalmthout)*

KALMTHOUTSE HEIDE
(127 E3) *(🕮 K–L2)*

Nur wenige Kilometer vom Hafen entfernt beginnt Natur pur: 37,5 km² groß ist die Heidelandschaft mit ihren faszinierenden Sanddünen, beschaulichen Seen und 57 km ausgeschilderten Wander- und Radfahrwegen. *Anfahrt über N11 und N122 oder mit dem Zug Antwerpen–Essen (Bahnhof Heide); Auskunft: Dienst Toerisme | Putsesteenweg 129 | Kalmthout | www.vvvkalmthout.be*

TURNHOUT (130 B2) *(🕮 N3)*

Turnhout (38 500 Ew., 32 km nordöstlich von Antwerpen) ist eine lebendige Stadt, angelegt um das *Wasserschloss* der Herzöge von Brabant. Sein heutiges Aussehen erhielt der elegante Backsteinbau im 16. Jh. Die *Sint-Pieterskerk* am Rathausplatz ist ein Juwel der brabantischen Spätgotik mit monumentalem barockem Hochaltar, Chorgestühl, Beichtstühlen und Kanzel, hervorragender Barockorgel (1662) und großem Glockenspiel im Kirchturm (regelmäßig Konzerte). Eine mächtige Pforte führt in den beschaulichen *Beginenhof (Begijnhofmuseum Di–Sa 14–17, So 11–17 Uhr | Eintritt 2,50 Euro | Begijnhof 56)* mit alten Lindenbäumen und schöner Barockkirche.

Anfang des 19. Jhs. entwickelte sich in Turnhout die Papierindustrie. Spezialität waren und sind Spielkarten. Ihnen gewidmet ist das herrliche *Nationaal Museum van de Speelkaart (Di–Sa 14–17, So 11–17 Uhr | Eintritt 5 Euro | Druivenstraat 18 | www.speelkaartenmuseum.be)*. An einigen Maschinen wird die Herstellung der Karten vorgeführt. Alle zwei Jahre im Dezember (2013, 2015 usw.) findet im Kulturzentrum *De Warande* das größte **INSIDER TIPP** Comicfestival Flanderns statt *(www.stripturnhout.be)*.

Im Stadtzentrum finden Sie das romantische *Bed & Breakfast Bon-Bon Jour/Nuit* (3 Zi. | Victoriestraat 10 | Tel. mobil 0494 78 88 37 | www.bonbonjournuit.be | €€) mit Confiserie, Café, kleinem Wellnesscenter und stadtkundigen Eigentümern. *Priorij Corsendonk (47 Zi. und 31 ehemalige Mönchszellen | Corsendonk 5 | Oud-Turnhout | Tel. 014 46 28 00 | www.corsendonk.be | €€)* ist ein ehemaliges Kloster, dem das gleichnamige Starkbier seinen Namen verdankt. Gutes Restaurant mit belgischer Küche. *Auskunft: Toerisme Turnhout | Grote Markt 14 | Tel. 014 44 33 55 | www.turnhout.be*

VERDRONKEN LAND VAN SAEFTINGHE ✂
(126–127 C–D4) *(🕮 J2–3)*

Pappeln säumen die Deiche und Kanäle der himmlisch ruhigen Polder am linken Scheldeufer. Hinter einem hohen Lehmdeich erstreckt sich das „Versunkene Land", eine 35 km² große Schlicklandschaft, die von zahllosen Vogelarten (u. a. Seeadler) bevölkert ist. Ein ästhetischer Genuss sind Tage, an denen die Sonne durch Nebel oder Wolken bricht.

Eine lehrreiche Ausstellung gibt es im *Besucherzentrum (Emmaweg 4 | Emmadorp | Tel. 0031 114 63 31 10 | j.neve@ hetzeeuwselandschap.nl)* zu sehen. Das Zentrum organisiert auch Führungen (Kosten 5 Euro, Anmeldung erforderlich). *Anfahrt über E34 Antwerpen–Knokke, Ausfahrt Kieldrecht, dort in Richtung Nieuw-Namen und Emmadorp | www.saeftinghe.be*

MECHELEN

(127 E6) *(🕮 L5)* Jung und multikulturell empfängt Mechelen seine Besucher. In der Stadt (76 000 Ew.) haben sich zahlreiche Fachhochschulen angesiedelt – und Einwanderer, die zur Arbeit nach Antwerpen und Brüssel pendeln.

Alle miteinander bewacht der hohe Turm der monumentalen spätgotischen Kathedrale, auf dem die belgische Trikolore flattert. Denn in Mechelen residiert der Kardinalerzbischof – schließlich war Mechelen Anfang des 16. Jhs. die Hauptstadt der Niederlande. Aus dieser glanzvollen Epoche sind viele Baudenkmäler erhalten.

SEHENSWERTES

BEGIJNHOF

Vom kleinen Beginenhof ist noch die spätgotische *Sint-Katelijnekerk* übrig geblieben, vom großen Beginenhof auf der anderen Seite der Katelijnestraat ist die Kirche *Sint-Alexius* erhalten. Sie ist ein barockes Juwel, an dem der einheimische Meister Lucas Fayd'herbe mitgewirkt hat.

HOF VAN SAVOYE

Der einheimische Architekt Rombout Keldermans – ein Star seiner Zeit, der in ganz Flandern tätig war –, schuf dieses Renaissancepalais für Margarete von Österreich, die Witwe des Fürsten von Savoyen. Die gebildete Statthalterin der Niederlande (1507–30) zog das beschauliche Mechelen der Hauptstadt Brüssel vor. Heute befindet sich in dem Palais das Amtsgericht, der Innenhof ist frei zugänglich. *Keizerstraat*

KAZERNE DOSSIN

Das Museum in einer ehemaligen Kaserne dokumentiert die Geschichte von Juden und Exilanten vor der deutschen Besetzung Belgiens, die Verfolgung ab 1940, die Deportation nach Auschwitz von dieser Kaserne aus und den erbitterten Widerstand gegen die Nazis. *Do–Di 10–17 Uhr, jüdische Feiertage geschl. | Eintritt 10 Euro | Goswin de Stassartstraat 153 | www.cicb.be*

INSIDER TIPP **KONINKLIJKE MANUFACTUUR DE WIT**

Im Refugium der Mönche von Tongerlo aus dem Jahr 1484 stellt die Manufaktur kostbare Tapisserien aus. De Wit restauriert Prachtexemplare aus aller Welt und webt auch moderne Kreationen. *Besichtigung und Führung Sa 10.30 Uhr | Eintritt 6 Euro | Schoutetstraat 7 | Tel. 015 20 29 05 | www.dewit.be*

Stilmix von Gotik bis Neogotik: das Stadhuis von Mechelen

ONZE-LIEVE-VROUW-OVER-DE-DIJLE
Die kleinere Version der Kathedrale wurde von der mächtigen Fischergilde in Auftrag gegeben. Sie leistete sich im 17. Jh. das Rubens-Triptychon „Petri Fischzug". *April–Okt. Di–So 13.30–17.30 Uhr, Nov.–März Di–So 13.30–16.30 Uhr | Eintritt frei | Onze-Lieve-Vrouwestraat*

im Garten des Kulturzentrums A. Spinoy gegenüber der Kathedrale

STADHUIS
Mechelens Rathaus besteht aus einem Stilmix der Jahrhunderte: Der wuchtige mittlere Teil wurde Anfang des 14. Jhs. als Tuchhalle mit Belfried geplant, aber

Onze-Lieve-Vrouw-over-de-Dijle: das Altarbild „Petri Fischzug" von Peter Paul Rubens

SINT-ROMBOUTSKATHEDRAAL ★ ☼
Die harmonische, spätgotische Kathedrale von Rombout Keldermans ist das Wahrzeichen der Stadt. Der schon von Weitem sichtbare Turm wurde, statt der geplanten 167 m, nur 97 m hoch. *Ostern–Okt. Di–So 10–18 | Eintritt 7 Euro*
Am Sitz des Kardinalerzbischofs erklingen zwei ● Glockenspiele. Regelmäßig spielen der Stadtglöckner und Gäste, die an der Königlichen Glöcknerschule in Mechelen studiert haben. *Kurzes Spiel Mo und Sa 11.30, So 15 Uhr, Konzerte Juni–Sept. 20.30 Uhr | Eintritt frei, gratis Stühle*

nie vollendet. Im 17. Jh. bekam der Belfried Dach und Türmchen, der kleinere rechte Flügel einen holländischen Giebel. Der sogenannte *Paleisvleugel* (Palastflügel) an der linken Ecke wurde 1911 im Stil der Neogotik vollendet.

STEDELIJK MUSEUM
HOF VAN BUSLEYDEN
Im Renaissancepalais eines begüterten Humanisten sind zahlreiche Meisterwerke des örtlichen Kunsthandwerks zu bewundern, insbesondere geprägte, vergoldete Ledertapeten, Kabinettschränke,

Tapisserien und kleinere Glockenspiele. *Wegen Renovierung bis 2015 geschl. | De Merodestraat 65–67*

ESSEN & TRINKEN

INSIDER TIPP ▶ GRAND CAFÉ LAMOT
Nette Brasserie am angesagten Fischmarkt, traumhafte Terrasse. Sehr schönes Frühstück. *Tgl. | Beethovenstraat 8/10 | Tel. 015 20 95 30 | www.grand cafelamot.be | €*

D'HOOGH
Traditioneller Treff, örtliche Spezialitäten (Spargel). *Sa-Mittag, So-Abend und Mo geschl. | Grote Markt 19 | Tel. 015 21 75 53 | www.dhoogrestaurant.be | €€€*

ÜBERNACHTEN

HOTEL CAROLUS
Originelles Hotel im Gebäudekomplex der alten Brauerei *Het Anker.* Ruhige Zimmer mit Blick auf den Beginenhof. Angeschlossen ist eine Brasserie. *22 Zi. | Guido Gezellelaan 49 | Tel. 015 28 71 41 | www.hotelcarolus.be | €*

HOTEL VÉ
Designhotel in einer ehemaligen Fischräucherei am Fischmarkt. Sehr netter Service. *36 Zi. | Vismarkt 14 | Tel. 015 20 07 55 | www.hotelve.com | €€–€€€*

AUSKUNFT

Toerisme Mechelen | Hallestraat 2–4 | Tel. 015 29 76 55 | www.inenuitmechelen.be

ZIEL IN DER UMGEBUNG

WESTERLO (130 B3–4) (*N5*)
28 km nordöstlich von Mechelen liegt das schmucke Städtchen (21 500 Ew.) mitten im Grünen. Sehenswert sind das

Renaissance-Wasserschloss *De Mérode* sowie im Stadtteil Tongerlo zwischen Feldern und Wäldern das immense Geviert der im Jahr 1130 gegründeten *Norbertinerabtei Tongerlo (Führungen April–Okt. So 14.30 Uhr | Eintritt 1,50 Euro | www.tongerlo.org)* mit seinen alten Wirtschaftsgebäuden und einer weißen Kirche im Stil der Neogotik. Die Attraktion im eleganten klassizistischen *Abtspalais Museum (tgl. 14–17 Uhr | Eintritt 3 Euro)* | ist eine Kopie auf Leinwand von Leonardo da Vincis Fresko „Das Letzte Abendmahl".

Eine schnurgerade Landstraße durch die Wälder verbindet Tongerlo mit der ebenfalls 1130 von den Norbertinern gegründeten ★ *Abdij van Averbode (Mo–Sa 7.30–11.30 und 13.30–17.45 Uhr, So 7.30–10.30 Uhr | www.abdijaverbode.be).* Der harmonische Innenhof und die prächtige, auf kreuzförmigem Grundriss errichtete Barockkirche mit ihren kostbaren Holzschnitzereien, Marmorskulpturen und -altären und Orgeln machen Averbode zur schönsten Abtei ganz Flanderns. Und der Ort hat noch mehr zu bieten: In den Wirtschaftsgebäuden druckt der Verlag der Pater Comics und Kinderbücher.

LOW BUDGET

▶ Gratiseintritt in allen Museen und Kirchen sowie zahlreiche Preisnachlässe gibt es mit der *Antwerp City Card (28 Euro für 48 Stunden | bei Antwerpen Toerisme & Congres).*

▶ Das Festival *Zomer van Antwerpen* bietet im Juli und August Vorstellungen zu demokratischen Preisen und Gratiskonzerte. *www.zva.be*

LIMBURG

Limburg ist Flanderns grüne Provinz. Im flachen Norden erstrecken sich auf den kargen Sandböden der Landschaft Kempen ausgedehnte Kiefern- und Birkenwälder.

Weite Flächen Heidekraut wechseln mit beschaulichen Seen ab. Kanäle führen von der Maas, die die Grenze zu den Niederlanden bildet, zur Nordsee. Der Haspengau genannte Süden ist hingegen hügelig und dank reicher Lössböden Kornkammer, Obstgarten und Weideland, von Eichen, Pappeln und Linden gesäumt und von Bächen durchzogen. In der Mitte, um Genk, liegt ein Industriegebiet. Von 1901 bis zur Stilllegung der letzten Zeche 1992 wurde hier Kohle gefördert. Die Umstrukturierung verläuft nur schleppend. In diesem alten Sied-

lungsgebiet von Kelten, Römern und Franken trifft die Redensart zu: „Jedes limburgische Dorf hat seinen Baron." Mächtige Wasserburgen, elegante Schlösser und stattliche Gutshöfe – in einigen kann man die Ferien verbringen – gehören heute noch den Nachfahren alter Adelsgeschlechter. Märchenhaft ist der Haspengau im April, wenn die Apfel-, Birn- und Kirschbäume blühen.

Städte spielten in der Gegend, die zum Fürstbistum Lüttich gehörte, keine große Rolle – entsprechend klein sind sie. Dafür ging Oud-Rekem aus einem landesweiten Wettbewerb als schönstes Dorf Flanderns hervor. Diese Überschaubarkeit und die gemütliche, freundliche Art der Limburger machen die Anziehungskraft der Provinz aus.

Bild: Obstbäume im Haspengau

Blütenpracht im römischen Maasland: Limburgs Landstriche eignen sich wunderbar zum Radeln und für den Wassersport

HASSELT

(130 C5) (∅ P–Q6) Die Hauptstadt der Provinz ist auch ihre größte Stadt (68 000 Ew.), modern und trendy.
An der Universität und an mehreren Hochschulen studieren Tausende junger Leute. Sie beleben Dutzende Cafés, Gaststätten und Restaurants. Die weitgehend verkehrsfreie Innenstadt fördert das rege Leben auf Straßen und Plätzen noch. Kleinbusse pendeln kostenlos zu den Parkplätzen an der Ringstraße. Überregional bekannt ist das Rockfestival *Pukkelpop* Ende August.

SEHENSWERTES

NATIONAAL JENEVERMUSEUM

Im 19. Jh. zählte Hasselt Dutzende Genever-Brennereien. Das Museum führt in Herstellung und Sozialgeschichte ein. In der Schenke bekommt jeder Besucher ein *borreltje. April–Okt. Di–So 10–17 Uhr, Nov.–März Di–Fr 10–17, Sa/So 13–17 Uhr |*

Eintritt 4,50 Euro | Witte Nonnenstraat 19 | www.jenevermuseum.be

SINT-QUINTINUSKATHEDRAAL
Die älteste Kirche der Stadt wurde 1967 in den Rang einer Kathedrale erhoben. Im fein restaurierten Inneren des Gottes-

AUGUSTINA
Nette Brasserie, typisch belgische Küche im Jugendstilambiente, auch Kindermenüs. Mit Terrasse. *Tgl. | Leopoldsplein 23 | Tel. 011 24 16 98 | www.augustina.be | €*

In der Innenstadt von Hasselt kann man in Ruhe bummeln und einkaufen

hauses ist ein Triumphkreuz aus dem 15. Jh. zu sehen. Im Turm befindet sich ein Glockenspielmuseum. *Tgl. 8–18 Uhr | Vismarkt/Fruitmarkt*

VIRGA-JESSE-BASILIEK
Die Jungfrau Maria wird in Hasselt besonders verehrt. Angeblich wehrte die Skulptur der lächelnden Madonna 1867 die Rinderpest ab. Seither wird sie alle sieben Jahre durch die Stadt getragen (nächste Prozession 2017). Den Innenraum der Basilika schmücken prunkvolle Barockaltäre. *Tgl. 8–18 Uhr | Kapelstraat*

CAFÉ CONTRAST
Vom Frühstück bis zum spätabendlichen Souper werden hier gute belgische Gerichte serviert. Stimmungsvoller Innenhof. *Tgl. | Badderijstraat 14 | Tel. 011 23 67 06 | €*

VOUS LÉ VOUS
Saisonale Gemüsesorten und Kräuter aus der Region bilden die Grundlage kreativer Gerichte, die für die Gäste zubereitet werden. Und nicht nur gut essen kann man hier: In dem modernisierten Bauernhaus am Stadtrand laden

außerdem fünf Zimmer zu einem Aufenthalt ein. *So/Mo geschl. | Wimmertingenstraat 76 | Tel. 011 74 81 85 | www.vouslevous.be | €€*

EINKAUFEN

Die praktisch autofreie Innenstadt von Hasselt ist das Shoppingparadies der Provinz: *Demerstraat, Hoogstraat, Koning Albertstraat* und *Maastrichterstraat* stehen für ein eher preiswertes Angebot, während in der *Kapelstraat,* der *Aldestraat* und der *Lombaardstraat* schicke Modeboutiquen und Einrichtungshäuser zu finden sind.

STIJN HELSEN

So heißt der einheimische Fashion-Wonderboy, der das Fach bei Giorgio Armani und Vivienne Westwood lernte. Er stellt seine pfiffige Kleidung zuerst in der eigenen Boutique vor. *Kapelstraat 32 | www.stijnhelsen.be*

AM ABEND

MEGADISCOTHEEK VERSUZ

Szenediskothek am Hafen, unbedingt vorher die Kleiderordnung erfragen. *Mo, Do, Sa ab 22 Uhr | Slachthuiskaai 6 | www.versuz.be*

INSIDER TIPP ▶ MUZIEK-O-DROOM

Tonangebendes Zentrum für junge, experimentelle Popmusik. *Mo–Fr 16–23.30, Sa 9.30–19 Uhr | Bootstraat 9 | www.muziekodroom.be*

ÜBERNACHTEN

HOTEL PAX

In zentraler Lage am belebten Marktplatz, mit einfach ausgestatteten Zimmern. *9 Zi. | Grote Markt 16 | Tel. 011 22 38 75 | www.hotelpax.be | €*

AUSKUNFT

Toerisme Hasselt | Lombaardstraat 3 | Tel. 011 23 95 42 | www.hasselt.be

ZIELE IN DER UMGEBUNG

BOCHOLT (131 D3) (⌂ R4)

11 000 Ew. zählt der 37 km nordöstlich von Hasselt gelegene Ort, Hochburg der Schützenvereine (Schützenfeste finden im Juli statt).

Sehenswert sind die spätgotische *Sint Laurentiuskerk* und das riesige INSIDER TIPP ▶ *Brauereimuseum (Bocholter Brouwerijmuseum | Juli/Aug. tgl. 13–18 Uhr | Eintritt 5 Euro | Dorpsstraat 53 | www.bocholterbrouwerijmuseum.be),* in dem unzählige Geräte aus dem 18. bis 20. Jh. ausgestellt sind.

Feinschmecker zieht es in die nahe gelegene Käserei *Kaasmakerij Catharinadal (Catharinadal 5 | Hamont-Achel | Tel.*

★ **Landcommanderij Alden-Biesen**
Mit dem imposanten Schloss zeigte der Deutsche Orden seine Macht → S. 88

★ **Gallo-Romeins Museum**
Moderner Rahmen für altes Gold und Silber – in Tongeren → S. 89

★ **Onze-Lieve-Vrouwebasiliek**
Gotischer Prachtbau voller Kunstschätze in Tongeren → S. 90

★ **Sint-Truiden**
Heitere Rokoko-Architektur im Zentrum blühender Obstgärten → S. 91

MARCO POLO HIGHLIGHTS

HASSELT

011 64 13 09 | www.catharinadal.be). Das Fachgeschäft mit seinen vielfältigen Spezialitäten beliefert Belgiens königliche Familie.

LANDCOMMANDERIJ ALDEN-BIESEN
⭐ (131 D5) (⌀ Q7)
Das imposante Wasserschloss 20 km südöstlich von Hasselt war Sitz des Deutschen Ordens. In den prunkvollen Reprä-

MAASEIK (131 E3) (⌀ S5)
Die 33 km nordöstlich von Hasselt gelegene Stadt (23 000 Ew.) ist ein Dorado aller Wassersportler. Es gibt einen großen Yachthafen *(Marec CVBA | Maasdijk | Kinrooi-Ophoven | Tel. 089 56 75 03 | www.marec.be)* und einen Kajakclub *(De Oeter | Ophovenstraat 135 | Maaseik-Neeroeteren | Tel. 011 66 38 87 | www.oeter.be)* mit Vermietung. Zum Angebot gehören auch

Gärten und Parks umgeben das ehemalige Deutschordensschloss Alden-Biesen

sentationsräumen wird die Geschichte des Ordens vorgestellt. Wanderwege führen durch die stilvoll angelegten Gärten und Parks. Außerdem finden regelmäßig Konzerte mit klassischer Musik statt. Nette Gutsschenke. *Ostern–Okt. tgl. 10–18 Uhr, Nov./Dez. und Feb.–Ostern Di–So 10–17 Uhr | Eintritt Schloss und Gärten 3 Euro | Kasteelstraat 6 | Rijkhoven-Bilzen | Tel. 089 51 93 93 | www.alden-biesen.be*

Wasserski- und Speedbootfahren *(Marec Heerenlaak | Heerenlaakweg 100 | Maaseik | Tel. 089 56 75 03 | www.marec.be)* sowie Segeln und Surfen *(Sporta Beachclub | Heerenlaakweg 68 | Maaseik | Tel. 089 56 77 61 | www.sporta.be)*.
Am *Marktplatz* und in seinen Nebenstraßen finden sich zahlreiche Gaststätten. Für Kunstliebhaber lohnen sich Blicke auf die Kostbarkeiten in der neogotischen *Sint-Catharinakerk* und das Rokokointeri-

eur der *Sint-Jacobskerk* sowie auf die romanische *Sint-Annakerk. Auskunft: Toerisme Maaseik | Markt 1 | Tel. 089 8192 90 | www.maaseik.be*

NATIONAAL PARK HOGE KEMPEN 🌿
(131 D–E 4–5) (*m̨ R5–6*)

33 km östlich von Hasselt liegt Flanderns einziger Nationalpark, mit 57,5 km² Kiefernwäldern, Heidegebieten, Seen und begrünten Kohlehalden, mit herrlichen Wanderpfaden und Fahrradwegen. Besonders gut lernt man die reiche Flora und Fauna bei den kostenlosen ● Führungen der „Ranger" kennen. Besucherzentrum und Cafeteria in der *Wasserburg Pietersheim (April–Okt. Di–Fr 10–15.45, Sa/So 10–16.45 Uhr, Nov.–März Fr–So 10–16.45 Uhr | Waterstraat | Lanaken | Tel. 089 71 21 20 | www.nationaalpark.be).*
In unmittelbarer Nähe liegt die elegante *Hostellerie La Butte aux Bois (41 Zi. | Paalsteenlaan 90 | Lanaken | Tel. 089 73 97 70 | www.labutteauxbois.be | €€)* mit weitläufigem Park am Waldrand, Feinschmeckerrestaurant, netter Brasserie (mit limburgischen Gerichten) und dem ● Wellnesscenter *Aquamarijn*, zu dessen Spezialitäten im Sommer Behandlungen und Massagen im duftenden Garten gehören.

TONGEREN

(131 D6) (*m̨ Q7*) Tongeren (30 000 Ew.) ist eine gemütliche Provinzstadt – selbst sonntags, wenn Händler und Besucher zum Floh- und Antiquitätenmarkt in Flanderns älteste Siedlung strömen.
54 v. Chr. schlugen die keltischen Eburonen unter ihrem Fürsten Ambiorix – sein Denkmal steht auf dem Marktplatz – hier das Heer Cäsars. Ein Jahr später wurden sie dann doch römisch, und *Atuatuca*

Tungrorum stieg zu einer großen Stadt an der Handels- und Heerstraße von Köln nach Boulogne und Paris auf.
Das Tongeren von heute ist großenteils nach dem Zweiten Weltkrieg gebaut worden.

SEHENSWERTES

GALLO-ROMEINS MUSEUM ★
Kostbare Fundstücke aus der Zeit der Kelten, Römer und Merowinger glänzen im Inneren des eleganten Neubaus. Der limburgische Stararchitekt Alfredo De Gregorio hat dafür die schönsten belgischen Natursteine ausgewählt. Mit einer angenehmen Cafeteria. *Mo 12–17, Di–Fr 9–17, Sa/So 10–18 Uhr | Eintritt 7 Euro | Kielenstraat 15 | www.galloromeinsmuseum.be*

MOERENPOORT ✂
In der markanten Stadtpforte aus dem Jahr 1379 wird Tongerens Geschichte le-

bendig. Von den Zinnen des Tors bietet sich ein Panoramablick auf die Stadt und das Umland. *Mai–Sept. Sa/So 11–17 Uhr | Eintritt 1 Euro | Ecke Leopoldwal/Kastanjewal*

ONZE-LIEVE-VROUWEBASILIEK ★

Unter der eindrucksvollen Liebfrauenbasilika erinnern Reste eines Gotteshauses aus dem 4. Jh. daran, dass Tongeren für eine kurze Zeit Bischofssitz war. Aus späterer Zeit stammt der romanische Kreuz-

ESSEN & TRINKEN

BLANCKAERT

Dies ist die beste Konditorei der Stadt, auch Snacks und Brunch sind hier zu haben. *Mo geschl. | Maastrichterstraat 62 | €*

BRASSERIE BAZILIK

Nettes Lokal, mehrere Stockwerke, angenehme Terrasse neben der Basilika. Gute Küche, Kindergerichte, schöne Auswahl

Turm der Liebfrauenbasilika und Denkmal des Keltenfürsten Ambiorix in Tongeren

gang eines Chorherrenstifts. Von der Bedeutung der Kirche zeugen kostbare Kunstwerke wie der große Schnitzaltar und das Triumphkreuz im Chor, die wertvollen Elfenbeinplatten und Reliquienschreine in der Schatzkammer. In der Basilika werden regelmäßig Orgel- und Glockenspielkonzerte gegeben. *Tgl. 9–17 Uhr, Schatzkammer April–Sept. tgl. 10–12 und 13.30–17 Uhr | Eintritt 2,50 Euro | Grote Markt*

limburgischer Biere und Weine. Freundlicher Service. Geöffnet 10–24 Uhr. *Tgl. | Kloosterstraat 1–3 | Tel. 012 21 33 24 | www.bazilik.be | €*

DE MIJLPAAL

Modernes Ambiente für saisonale Küche, die Kräuter kommen aus dem eigenen Garten. *Do geschl. | Sint-Truiderstraat 25 | Tel. 012 26 42 77 | www.demijlpaal.org | €€*

EINKAUFEN

350 bis 400 Händler nehmen am *Floh- und Antiquitätenmarkt (So 6–13 Uhr | Veemarkt | Leopoldswal)* teil.

ÜBERNACHTEN

INSIDER TIPP **HOTEL EBURON**

Topdesigner aus Limburg haben ein ehemaliges Hospiz zu einem attraktiven Hotel gestylt. Große, lichtdurchflutete Zimmer mit avantgardistischen Badebereichen, tolle Winebar, netter Innenhof. Von der Terrasse des Frühstückraums bietet sich ein schöner Ausblick. Der Antiquitätenmarkt findet gleich vor der Haustür statt. *52 Zi. | De Schiervelstraat 10 | Tel. 012 23 01 99 | www.eburon hotel.be | €€–€€€*

VILLA ESPERANZA

Stilvolles Bed & Breakfast am Stadtrand. Die Zimmer der Villa aus dem Jahr 1900 sind sehr geräumig und elegant. *3 Zi. | Bilzersteenweg 155 | Tel. 012 23 12 22 | www.villaesperanza.be | €€*

AUSKUNFT

Toerisme Tongeren | Stadhuisplein 9 | Tel. 012 39 02 55 | www.tongeren.be

ZIELE IN DER UMGEBUNG

BORGLOON (130 C5–6) (*Q7*)

Das schmucke alte Städtchen (10 000 Ew., 10 km westlich von Tongeren) auf einem Hügel inmitten der endlos erscheinenden Obstgärten des Haspengaus, war einst der Stammsitz der Grafen von Loon. Elegant ist das *Renaissance-Rathaus,* stattlich die romanische Sint-Odolfuskerk, von deren Vorplatz sich eine schöne Aussicht auf den Haspengau eröffnet.

SINT-TRUIDEN ⭐ (130 C5) (*P7*)

20 km westlich von Tongeren liegt dieses adrette Zentrum des Obstbaus (36 000 Ew.). Es entstand im 7. Jh. rund um die *Sint-Trudo-Abtei* – der Komplex am Marktplatz ist heute Internatsschule. Sehenswert sind das *Academiezaal* und der im Rokokostil ausgestaltete *Keizerzaal (April–Okt. Sa/So 14–17 Uhr | Eintritt frei).* Vom Turm *(April–Sept. Di–So 10–17 Uhr, Okt.–März Di–So 10–16 Uhr | Eintritt 3 Euro)* der Abtei haben Sie eine wundervolle Aussicht.

Im heiteren Rokokostil wurde auch das *Rathaus* auf dem weiten Marktplatz erbaut. In der benachbarten gotischen *Onze-Lieve-Vrouw-Hemelvaartkerk* sind kostbare Holzschnitzereien und eine überquellende *Schatzkammer (Sa/So 14–17 Uhr | Eintritt frei)* zu sehen. In der Kirche finden regelmäßig Orgelkonzerte statt. Nur einen Steinwurf entfernt können Sie strahlendes Rokokointerieur in der *Minderbroederkerk (Minderbroedersplein)* bewundern.

In Flanderns ältester *Beginenhofkirche* (1258) sind gewölbte Holzdecken und mittelalterliche Fresken zu sehen *(Begijnhof | April–Okt. Di–Fr 10–12.30 und 13.30–17, Sa/So 13.30–17 Uhr | Eintritt frei).*

Vorzüglich speist man – im Sommer auch an der frischen Luft in einem traumhaften Garten – im Restaurant *Aen de Kerck van Melveren (Mo/Mi-Abend, Sa-Mittag und So-Abend geschl. | Sint-Godfriedstraat 15–21 | Tel. 011 68 39 65 | www.aen dekerck.be | €€).* Zünftige Brotmahlzeiten kommen in der alten **INSIDER TIPP** *Brauerei Kerkom (April–Okt. Di, Nov.–März Mo–Mi geschl. | Naamsesteenweg 469 | Tel. 011 68 20 87 | www.brouwerij kerkom.be)* auf den Tisch.

Auskunft: Dienst Toerisme | Stadhuis | Grote Markt | Tel. 011 70 18 18 | www.toe risme-sint-truiden.be

AUSFLÜGE & TOUREN

Die Touren sind im Reiseatlas, in der Faltkarte und auf dem hinteren Umschlag grün markiert

1 BUKOLISCHE LANDSCHAFTEN IM HASPENGAU

Diese 55 km lange Fahrradtour beschreibt eine Schleife durch den Haspengau: zum Château de la Motte und zum Rokokoschloss Hex, nach Borgloon und durch das Naturschutzgebiet am Herkbach. Ausgangs- und Endpunkt ist Sint-Truiden. Beim *Dienst Toerisme* können Sie Fahrräder mieten *(8 Euro pro Tag, mit Kindersitz 9 Euro | April–Sept. tgl. 10–18 Uhr | Grote Markt 44 | Reservierung Tel. 011 33 27 56)*. Hier gibt es auch die detaillierte Karte und das *Fietsinfoboekje* (für 7,50 Euro), die die Route kinderleicht machen. Alle Radwege sind mit blauen Schildern gekennzeichnet, die Kreuzungen *(knoop-punten)* sind präzise angegeben. Die beschriebene Tour verläuft über die *knooppunten* 134–168–169–161–163–159–158–157–156–151–152–153–148–149–171– 189–135. Alle Auskünfte über das Radlerparadies bietet *www.toeris melimburg.be.*

Im Frühjahr fasziniert der Haspengau mit der Pracht von Millionen Obstblüten, im Sommer locken wogende Kornfelder und im Herbst die golden in der Sonne schimmernden Bäume. Sie radeln, teils auf autofreien Wegen und meist auf Asphalt, einfach von Punkt zu Punkt.

In der Karte sind die Entfernungen, Steigungen, Gaststätten, Picknickplätze, Unterkünfte und Sehenswürdigkeiten eingetragen, im Begleitbuch werden sie beschrieben. An den Wegen gibt es Über-

---

Bild: Rokokoschloss Hex im Haspengau

Liebliche Landschaft, Burgen und Bier: Radeln Sie durch den Haspengau und rund um Ieper, und entdecken Sie das Pajottenland

sichtskarten und Infosäulen. Das limburgische Netz bietet auch eine Pannenhilfe. Viele Hotels und Bed & Breakfasts sind bereit, das Gepäck zum nächsten Halt zu bringen.

Blaue Schilder mit der Aufschrift *Fietsroutennetwerk* bringen Sie vom Grote Markt im Stadtzentrum von **Sint-Truiden** → **S. 91** zum *knooppunt 134.* Dann radeln Sie zunächst durch eine flache Landschaft mit schier endlosen Spalieren von Apfel- und Birnbäumen. Kornfelder, Viehweiden und kleine Kapellen mit Heiligen-

plastiken bringen Abwechslung, der Blick geht in die Ferne.

Von *Nr. 168* bis *Nr. 161* ist der Weg schnurgerade wie eine alte römische Heerstraße. Danach geht's in eine sanfte Tallandschaft, der Weg windet sich durch Hohlwege, es geht Hügel rauf und runter. An Bächen und Weihern tummeln sich Enten und Gänse, in den Auen rauschen Pappeln und Weiden. Sie fahren durch schmucke Dörfer mit stattlichen Gutshöfen und Kirchen, vorbei an Wasserburgen und Lustschlössern. **Château de la Motte** hat ein Café, in dem Radfahrer willkommen sind, im Park gibt es Bänke zum Ausruhen und auch einen Kinderspielplatz. Einen Moment innehalten sollten Sie in **Heks**. An einem Hügel am Dorfrand steht das rote **Rokokoschloss Hex** *(www.hex.be)* – im Juni und September findet hier ein INSIDER TIPP Festival für Rosen, Gemüse und seltene Pflanzen statt.

Bei *knooppunt 151* lohnt sich ein kleiner Abstecher nach **Borgloon** → S. 91. Am Rand der Stadt liegt das schmucke, weiß gekalkte *Zisterzienserinnenkloster Marienlof Colen* mit alter Schmiede und seinem *Museum des Obstanbaus (Fruitstreekmuseum | Di–Sa 14–17 Uhr, So 15–17 Uhr | Eintritt 1,25 Euro | Colenstraat)*.

Ab *knooppunt 153* radeln Sie durch das liebliche Naturschutzgebiet um den **Herkbach**. An geschützten Hängen wird Wein angebaut. Nach *Nr. 149* geht es wieder aufwärts und der Blick wieder in die Ferne.

Ab *Nr. 189* bringen blaue Schilder mit der Aufschrift *Centrum* Sie wieder zurück zum Ausgangspunkt in Sint-Truiden.

2 BURGEN, BIER UND BRUEGEL IM WESTLICHEN BRABANT

Diese 90 km lange Tagestour führt Sie durch das westliche Brabant. Im hügeligen Pajottenland, von dem sich der berühmte Maler Pieter Bruegel inspirieren ließ, wird das besondere Gueuze-Bier gebraut. Die Fahrt geht von der Burg Beersel über Schloss Enghien zur stillen Landschaft bei Vollezele. Auf Schloss Gaasbeek folgen die gotischen Kirchen von Ternat, Asse und Merchtem. Bei der Wasserburg Diepensteyn züchtet die Brauerei Palm noch die altbrabantischen Zugpferde. Für diese Tour über kleine Nebenstraßen empfiehlt sich eine Detailkarte.

Gleich hinter der Ausfahrt 19 der Autobahn E19 Brüssel–Paris zeigt sich die mittelalterliche **Wasserburg Beersel** *(März–Nov. Di–So 10–12 und 14–18 Uhr, Nov./Dez., Feb. Sa/So 10–12 und 14–17 Uhr | Eintritt 2,50 Euro | Lotsestraat 65)*. Gegenüber der Kirche liegt das Restaurant *3 Fonteinen (Di/Mi geschl. | Herman Teirlinckplein 3 | Tel. 02 3 31 06 52 | www.3fonteinen.be | €)*, dahinter die altmodische Gueuze-Brauerei der Familie Debelder.

Die *Hoogstraat* führt aus Beersel hinaus nach **Alsemberg**. Biegen Sie an der Ampel gegenüber der spätgotischen Kirche rechts ab nach **Halle** – die hochgotische *Sint-Martinus-Kirche* mit einer verehrten Marienskulptur lohnt den Besuch. Weiter geht's quer durch die Felder, über Beert, Den Daal und Bosstraat nach **Enghien** (oder Edingen, das Städtchen liegt an der Sprachengrenze). Ein *Renaissance-Triumphbogen* erinnert noch an das Schloss der Herzöge von Arenberg, geblieben ist der herrliche *Park* mit einer europaweit einzigartigen Dahliensammlung (über 750 Sorten).

Über die N255 fahren Sie nach **Herne** mit seiner romanischen Kirche und **Vollezele**, wo Sie am Kirchplatz links in Richtung Congoberg abbiegen. Zu Ihren Füßen liegt eine friedliche Landschaft, durch die sich die *Repingestraat* schlängelt. Ein Feldweg führt zum alten **Abteigut Leysbroek** *(Repingestraat 9)*, wo der Bildhauer Koenraad Tinel gern Besucher empfängt.

Fahren Sie zurück ins Dorf Vollezele und zur Kreuzung N255/N272, und biegen Sie links ab. Über Kester, Kestergat (dort die N28 überqueren) und Elingen geht es quer durch die sanfte Hügellandschaft zum **Kasteel van Gaasbeek** *(April–Okt. Di–So 10–18 Uhr, Eintritt 7 Euro | Park 10–20 Uhr, Eintritt frei | www.kasteelvangaasbeek.be)*, einer gewaltigen mittelalterlichen Burg der Herzöge von Brabant mit wertvollen Kunstwerken in ihrem Inneren.

Über Goudveerdegem gelangen Sie nach **Wambeek** mit einer sehenswerten Kirche aus der Spätrenaissance und der alten Gueuze-Brauerei *De Troch (Langestraat 20 | www.detroch.be)*. Jetzt fahren Sie über **Ternat**, **Asse** und **Merchtem** (mit eindrucksvollen Kirchen) nach **Steenhuffel**: Die *Brauerei Palm (Steenhuffeldorp 3)* ist eine der ältesten Familienbrauereien, die neben ihrem hellen Starkbier auch die Spezialbiere *Brugse Tripel* und *Rodenbach* braut. Hinter der alten Brauerei entdecken Sie die **Wasserburg Diepensteyn**, die letzte bedeutende `INSIDER TIPP` Zucht der schweren Brabanter Zugpferde *(Besuch nach Anmeldung bei Martine Devaux | Tel. 052 31 74 14)*. Von Steenhuffel geht's nach Wolvertem auf die A12 zum Autobahnring. Richtung Charleroi/Mons/Paris gelangen Sie wieder nach Beersel.

3 TRAGISCHE SCHÖNHEIT IM HÜGELLAND UM IEPER

Diese 75 km lange Tages- oder zweitägige Tour folgt weitgehend dem „Ypernbogen" des Ersten Weltkriegs. Rund eine Million Soldaten fielen hier, Ieper (Ypern) und die umliegenden Dörfer, Felder und Wälder wurden völlig zerstört – und nach 1918 rekonstruiert. Heute locken Frieden, Anmut und kulinarische Genüsse. Die Tour führt von der Hopfenstadt Poperinge zu den Soldatenfriedhöfen Langemark, Tyne Cot und Buttes New British Cemetery. Nach dem Kemmelberg, Rodeberg und Mont Noir wartet das Künstlerdorf Watou mit köstlichen Bierspezialitäten auf.

Ausgangspunkt ist **Poperinge** → S. 43 mit hübschem Marktplatz, drei gotischen Kirchen und, als Vorgeschmack, dem Hopfenmuseum. Die *Krombekerstraat* führt aus der Stadt hinaus, vorbei an Hopfenfeldern, zum *Schloss De Lovie*. Am

Außen wuchtig, innen Kunst: Kasteel van Gaasbeek im westlichen Brabant

Ende des gepflegten Parks biegen Sie rechts ab zur **Trappistenabtei Sint-Sixtus**. Hier wird das beste Bier der Welt gebraut, in der Schenke *In de Vrede* können Sie es probieren. Gut ausgeschilderte Wege laden zu Spaziergängen im Wald ein. Die schmale Straße führt nun nach **Eikhoek**, wo Sie die N321 und dann die N8 überqueren. Sie befinden sich jetzt auf

Museum in einer ehemaligen Käserei führt in die handwerkliche Herstellung ein, in der Wirtschaft können Sie die aromatischen Spezialitäten probieren. Anschließend fahren Sie die *'s Graventafelstraat* weiter hügelaufwärts, nach 600 m biegen Sie rechts in die *Tynecotstraat* ein. In der Ferne sehen Sie das monumentale weiße Halbrund, das Sir Herbert Baker

Gedenkstätte und Friedhof für Gefallene des Ersten Weltkriegs: Tyne Cot Cemetery

dem Fahrradweg 74. Er windet sich durch Felder und Weiden, vorbei an Höfen und Karpfenteichen bis **Zuidschote**. An der Kirche biegen Sie links Richtung Diksmuide ab, ca. 300 m weiter rechts nach **Bikschote**. An der Windmühle vorbei geht es nach **Langemark**, hinter der von Linden umsäumten Kirche nach links zum *Deutschen Soldatenfriedhof*. Unter Eichen ruhen 44 324 Gefallene. Zurück im Ort, fahren Sie hinter der Kirche geradeaus Richtung Zonnebeke. Sie überqueren die N313 und biegen 2,5 km weiter am weißen **New Zealand Memorial** links ab, zu *De Oude Kaasmakerij (März–11. Nov. tgl. 10–17 Uhr | Eintritt 4 Euro | 's Graventafelstraat 48a | Passendale | www.deoudekaasmakerij.be)*. Das

für fast 35 000 vermisste britische Soldaten schuf. Davor sind auf dem gepflegten ☙ **Tyne Cot Cemetery** 12 000 Gefallene begraben. Von hier aus blicken Sie auf Ieper und weiter ins Heuvelland. Vom Tyne Cot Cemetery fahren Sie durch ein Wohnviertel zur N303, biegen rechts ab und am Rondell wieder rechts, nach **Zonnebeke**. An der Kirche folgen Sie dem Schild nach Ieper, sofort hinter dem Schlosspark biegen Sie links ab und fahren geradeaus hügelaufwärts zum *Polygon Wood*. In dem heute romantischen Kiefernwald mit viel Farnkraut liegt der **Buttes New British Cemetery**, der vielleicht schönste Soldatenfriedhof der Gegend. Ein Obelisk über dem einstigen Verteidigungswall erinnert an die 5. Australische Division, eine weiße Säulenhalle an Gefallene aus Neuseeland. Durch den Wald führen ausgeschilderte Wanderwege. Die Straße am Wandrand führt zum Gasthaus *De Hoeve (Mo geschl. | €)*, wo Sie sich mit rustikalen Broten, Pfannkuchen und Bier stärken können.

Anschließend fahren Sie links durch die *Lotegatstraat* am Waldrand hügelabwärts, an der ersten Kreuzung rechts, über die Autobahn und geradeaus bis zur N8. Dort geht es nach links, am *Obelisken für die 18. Englische Division* nach rechts Richtung **Zillebeke**. Am Ende der *Pappotstraat* biegen Sie links ab, 100 m weiter wieder rechts in die *Kasteelhoekstraat* ein, um eine bukolische, gewellte Waldlandschaft zu genießen.

Hinter der Eisenbahnunterführung biegen Sie links nach **Hollebeke** ab. Von der linken Ecke des netten Kirchplatzes zweigt die kurvige Straße nach **Wijtschate** ab. Dort folgen Sie, wieder am Kirchplatz, der Ausschilderung nach **Kemmel**. Am Ende der herrlichen, langen Lindenallee taucht bereits der **Kemmelberg** auf. Über den Dorfplatz von Kemmel fahren Sie steil den bewaldeten Berg hoch und dann entlang seiner Ostflanke Richtung **Monteberg**. Durch die **INSIDER TIPP** Weinberge des gleichnamigen Guts *(Besuch und Weinprobe nur nach Vereinbarung | www.monteberg.be)* schlängelt sich die kleine Straße nach **Dranouter**. An der Kirche ist das Hotelrestaurant ● 😊 *In de Wulf (Mo/Di, Mi- und Sa-Mittag geschl. | Wulvestraat 1 | Tel. 057 44 55 67 | www.indewulf.be | €€€)* ausgeschildert. In dem von sanft ansteigenden Feldern eingerahmten, rustikalen Lokal kreiert Flanderns faszinierendster Küchenchef Kobe Desramaults aufregende Gerichte ausschließlich mit Bioprodukten der Gegend – dazu gehören auch Kräuter, Beeren, Blätter, Blüten und Pilze. Auch die Heuvellandweine können Sie hier kennenler-

nen. Neun komfortable Zimmer ohne Fernsehen und Internet laden zu einer ruhigen Übernachtung ein, die umso empfehlenswerter ist, als Kobe wunderbare Spaziergänge empfehlen kann.

In Dranouter nehmen Sie die N322 nach **Loker** und genießen eine pastorale Landschaft. An der Kreuzung hinter der Ortsmitte geht es links nach **Rodeberg**. Am Ende des arg touristischen Dorfs überqueren Sie die französische Grenze und nehmen die D318 zum **Mont Noir**. Mitten im *Parc Départemental* liegt die *Villa Marguerite Yourcenar*, die heute europäische Schriftsteller beherbergt. Vom ausgedehnten ☘ Park genießen Sie eine traumhafte Aussicht, bei klarem Wetter sogar bis zur Kanalküste. Es lassen sich aber auch viele Passagen aus dem Memoirenband *Lebensquellen* der großen Schriftstellerin wiedererkennen.

Sie fahren auf der D318 hügelabwärts, am Rondell auf die ☘ D10 Richtung **Boeschèpe**, mit wunderbarem Fernblick bis Ieper, und weiter nach **L'Abeele**, wo Sie die N38 überqueren und im belgischen **Abele** sind. Am Ende einer von Ahornbäumen gesäumten Straße liegt **Watou**. Auf dem Dorfplatz verkündet ein Denkmal für Hugo Claus, dass hier im Sommer das bekannte Lyrik- und Kunstfestival stattfindet. Die Gaststätten am Platz bei der romanisch-gotischen Kirche servieren (und verkaufen) **INSIDER TIPP** über ein Dutzend örtlicher Bierspezialitäten von Hommelbier, Kapittel, Sint-Bernardus, Yedeghemsche. Dazu empfiehlt sich eine *Hoppegalette* – ein mit Bier und Hopfenextrakt zubereiteter, herzhafter Pfannkuchen – oder ein Bauernbrot mit Käse oder Schinken aus Watou, um sich für die letzten 8 km durch Hopfenfelder zurück nach Poperinge zu stärken.

Auskunft: Dienst voor Toerisme | Sint-Laurentiusplein 1 | Kemmel-Heuvelland | Tel. 057 45 04 55 | www.heuvelland.be

SPORT & AKTIVITÄTEN

Flandern grenzt im Westen an den Ärmelkanal und im Osten an die Maas. Zahllose Kanäle durchziehen die Landschaft, ein ausgeklügeltes Schleusensystem verbindet sie mit großen und kleinen Flüssen.

Flamen und Wasser gehören zusammen – weit verbreitet sind folglich alle Arten von Wassersport. Zu den besonderen Erlebnissen gehört die langsame Version einer Bootstour, auf der man Land und Städte von der *waterkant* aus entdecken kann. Der wahre Nationalsport ist im *platte land* allerdings das Radfahren – selbst der Premierminister übt ihn aus. Auch junge Leute können sich nach Herzenslust austoben, z. B. beim Skaten. Die ganze Palette der Sportmöglichkeiten bringt Ihnen *www.spinonline.be* näher.

ANGELN

Flamen angeln leidenschaftlich gern, ob an Kanälen, Flüssen oder Seen, allein oder in einem Club. Auf hohe See fahren täglich *Les bateaux Marcella (35–55 Euro | Tel. 059 32 00 72 | www.marcella.be)* in Oostende. Auskünfte über Clubs: *www.hengelsportbeurs.be.* Auf jeden Fall müssen Angler einen Angelschein *(visverlof)* haben. Er ist samt Vorschriften in jedem Postamt erhältlich, Preise von 3,72 Euro (für Jugendliche unter 14 Jahren mit einer Angel) bis 45,86 Euro.

BADEN

An der Küste sind 39 Badestrände bezeichnet: Ein rundes, blau-weißes Schild

Bild: Kanal bei Damme

Outdoor ist in: Segeln und Surfen, Radtouren mit den Kindern, Wanderungen auf großem Fuß – Flandern lockt Aktivurlauber an

mit Wellen, Schwimmer und blauem „B" bedeutet, dass der Strand sicher und in der Saison überwacht ist. Ein rundes, rotes Schild mit rotem „B" und rotem Querbalken besagt, dass die Stelle gefährlich und nicht überwacht ist. Tückisch ist das Meer besonders um die Wellenbrecher und Hafeneinfahrten herum. Schließlich gibt es noch die dreieckigen Wetterfähnchen: Bei Grün darf man schwimmen und Wassersport treiben. Bei Gelb ist Wassersport, bei Rot sind Schwimmen und Wassersport verboten. An den Bade-

stränden wird auch die Wasserqualität kontrolliert. Ein Schild mit einem lachenden Smiley bedeutet gut, mit traurigem Gesicht schlecht; hat der Smiley einen Querstrich, ist das Wasser gerade akzeptabel (Infos: *www.vmm.be*).

Im Inland haben die Provinzen Sport- und Freizeitparks *(Provinciaal Domein)* in schönen Landschaften, mit Badesee oder Pool. Vom Baden in Kanälen oder Flüssen ist abzusehen. Die Strömung kann gefährlich, das Wasser stark verschmutzt sein.

BOOTSFAHRTEN

Zahllose Kanäle und Gewässer durchziehen das flache Flandern. Eine aparte Art, das Land kennenzulernen, ist eine Rundfahrt mit dem Boot. Wer nicht sein eigenes mitbringt, kann eines mieten, z. B. bei *Le Boat (www.leboat.com)* in Nieuwpoort oder in Gent. Für ein Boot unter 15 m Länge ist kein Führerschein nötig. Eine detaillierte Karte der flämischen Wasserwege (8,50 Euro) und ein Buch (*Vaartboek,* 30 Euro) mit allen Infos (wie Bedienung der Schleusen, Anlegeplätze) gibt es beim westflämischen Fremdenverkehrsbüro *Westtoer (www.westtoer.be).*

KURSE

Anschauungsunterricht zur Pralinenherstellung und sogar Kurse gibt es im ● *Choco Center (Kursgebühr 30 bzw. 40 Euro | www.choco-story.be)* des Schokoladenmuseums *Choco Story* in Brügge. In zwei Stunden lernen Sie, selber Pralinen zu machen, nach drei Stunden gelingen Ihnen Schokotrüffel. Das Museum gibt Einblick in den Anbau verschiedener Arten von Kakaobäumen, die Verarbeitung der Bohnen zu Schokolade und ihren Siegeszug von Mexiko in alle Welt. Ebenfalls in Brügge bietet das *Kantcentrum* für Anfänger und Fortgeschrittene mehrtägige Kurse im Spitzenklöppeln. *Gebühr 210 Euro | www.kantcentrum.eu* Abwechslungsreiche Kochkurse gibt es bei *Mmmmh! (Kursgebühr 17–65 Euro | www.mmmmh.be)* in Brüssel oder bei *Vous Lé Vous (Kursgebühr 66–90 Euro | www.foodbuilding.be)* in Hasselt.

RADFAHREN

Die *flandriens* haben Sportgeschichte geschrieben: Radfahren ist der flämische Volkssport schlechthin. Entsprechend gut ist das Wegenetz ausgebaut und ausgeschildert. In Limburg und Westflandern gibt es ein Netz separater Fahrradwege. Unterwegs gibt es radfahrerfreundliche Gaststätten und Unterkünfte (die bei längeren Touren z. B. das Gepäck bis zum nächsten Halt bringen), in Limburg auch Servicestationen. Die detaillierten Karten kosten 7,50 Euro pro Provinz *(www.toerismelimburg.be | www.westtoer.be).* Fahrräder können an jedem größeren Bahnhof beim *fietspunt* gemietet werden, in touristischen Gegenden auch mit Sitzen oder Anhängern für Kinder (Miete ca. 10 Euro pro Tag). Manche Hotels und Vermieter stellen ihren Gästen kostenlos Räder zur Verfügung. Hervorragende Informationen und Links: *www.radflandern. com | www.vlaanderen-fietsland.be | www.fietsnet.be | www.fietsroute.org*

REITEN

Vor allem in den Seebädern gibt es Reitschulen und Reitplätze *(manèges)* sowie ausgeschilderte Reitwege durch die Landschaft. Fragen Sie unbedingt nach, ob und wann an welchen Stellen der Strände geritten werden darf.

TENNIS

Tennis ist in. Die Wallonin Justine Henin und die Flämin Kim Clijsters waren Weltspitze. Die Flamen Xavier Malisse, Kristof Vliegen und Yanina Wickmayer sowie die Wallonen David Goffin und Olivier Rochus verteidigen derzeit Belgiens Trikolore auf den Courts. Auf den meisten Plätzen sind Gäste willkommen. Infos über Plätze, Preise und Kurse: *www.vtv.be*

WANDERN

Über 3000 km ausgeschilderte Wanderwege führen durch Flanderns schönste

Landschaften. In Limburg und in Westflandern gibt es hervorragend ausgeschilderte Wanderwege und entsprechende Karten für kürzere und längere Touren *(www.toerismelimburg.be | www.westtoer.be)*. Das flämische Netz schließt nahtlos an das GR-Netz in Wallonien, Frankreich und den Niederlanden an *(Grote Route* bzw. *Grande Randonnée | www.groteroutepaden.be)*.

Ein besonders intensives Erlebnis bietet der 3 km lange *Blote Voetepad (Ostern–Okt. tgl. 10–19 Uhr | Eintritt 3 Euro | Stalkerweg | Zutendaal | Tel. 089 25 50 60 | www.lieteberg.be)* im Nationalpark Hoge Kempen. Auf dem Pfad ist nur Barfußlaufen über Äste, Gras und Steine, durch Wasser und auf einen Aussichtsturm erlaubt.

Im *Forêt de Soignes (Zonienwoud)*, der sich über 50 km² von Brüssel über einen Streifen Flandern nach Wallonien erstreckt, organisiert der Naturschutzbund *Natagora* regelmäßig Führungen, unter anderem zu Brutstätten von Vögeln und Fledermäusen. Info: *www.natagora.be*

WASSERSPORT

Segler und Surfer können an der Küste und im limburgischen Maasland ihrer sportlichen Leidenschaft nachgehen, ebenso wie Speedboat- und Wasserskifahrer, die sich allerdings an die deutlich abgegrenzten Gebiete und Zeiten und an die strengen Sicherheitsvorschriften halten müssen. An der Nordseeküste bieten zahlreiche Clubs Segel- und Surfkurse an. Anfänger lernen die Kniffe am besten bei *Inside-Outside (www.vvwinout.be)* in Oostende. Fortgeschrittene sind bei der *Vlaamse Zeezeilschool (www.vvwnieuwpoort.be)* in Nieuwpoort an der richtigen Adresse. Trend ist derzeit **INSIDER TIPP** Kitesurfen, bei dem vom Wasser in die Luft gesegelt wird – die Tricks lernt man in Oostduinkerke (einzige Schule: *www.kitesurfschool.be*). Ein besonderes Vergnügen bereitet das Strandsegeln auf den breiten Stränden von De Panne und Oostduinkerke. Dort gibt es ebenfalls Schulen, die auch die segelnden Seifenkisten vermieten *(www.strandzeilen.be)*.

Mit dem Nordseewind über die Sandbank sausen: Strandsegler bei De Panne

MIT KINDERN UNTERWEGS

Flandern ist ausgesprochen kinderfreundlich. Vor allem in den Ferienorten an der Küste und in Limburg werden *de kleinen* verwöhnt.

Ein Kinderbett im Zimmer der Eltern, ein Kindermenü oder -teller gehören zum Standardservice. Und die vielen spannenden Attraktionen sorgen dafür, dass garantiert keine Langeweile entsteht. Aktuelle Tipps im Internet finden Sie unter *www.agenda.be/kid.*

BRÜGGE UND WESTFLANDERN

MU.ZEE (124 B2) (*M C3–4*)
Das Museum für moderne Kunst in Oostende ist für seine kreativen Kinderworkshops bekannt. Die Kinder dürfen im Museum Anregungen sammeln und sich dann an die Umsetzung ihrer Ideen machen. Bei kniffligen Fragen bekommen sie fachliche Hilfe. Wegen begrenzter Teilnehmerzahl unbedingt reservieren! *Mi 14–16 Uhr, Eintritt 4 Euro | Ferien Mo–Fr 10–18 Uhr, Eintritt 2,50 Euro | Romestraat 11 | Oostende | www.muzee.be*

SEA LIFE MARINE PARK
(124 C1) (*M D3*)
Hier sind Nordseekrabben live zu sehen! Außerdem schwimmen in 30 Aquarien Hunderte von Fischen, und im Freien planschen Seehunde und Pinguine. *Juli/Aug. tgl. 10–19 Uhr, Ostern–1. Nov. tgl. 10–18 Uhr, Nov.–Ostern tgl. 10–17 Uhr | Eintritt bei Onlineverkauf Erwachsene und Kinder ab 12 Jahren 12 Euro, Kinder 3–11*

Bild: Freilichtmuseum Bokrijk

Spaß für Kids zu Wasser und an Land: Interaktive Museen, Bauernhöfe und Zoobesuche lassen keine Langeweile aufkommen

Jahre 10,50 Euro (an der Kasse 17 bzw. 13,50 Euro), unter 3 Jahren frei | Koning-Albert-I-laan 116 | Blankenberge | www.sealife.be

GENT UND OSTFLANDERN

DAMPFLOKFAHRTEN

Auf zwei Strecken zuckeln alte Dampfloks durch die Landschaft: Die eine führt durchs Scheldeland von Dendermonde nach Puurs *(126–127 C–D6) (🛒 J–K5)*. Abfahrt ist am *Bahnhof Baasrode-Noord*

(Fabriekstraat) mit Bahnhofswirtschaft und Spezialbuchhandlung. In den Schuppen stehen Waggons und Lokomotiven, bei deren Restaurierung man zugucken darf (Abfahrten und Preise: *www.stoomtrein.be*). Die zweite Linie mit einer großen Dampflok und altmodischen Waggons verbindet Maldegem mit Eeklo *(125 E2) (🛒 E–F4)* (nordwestlich von Gent). Im Eisenbahnmuseum in Maldegem (Bahnhof) sind seltene Dampfmaschinen zu sehen (Abfahrten und Preise: *www.stoomcentrum.be*).

FLÄMISCH-BRABANT

MUSÉE DES SCIENCES NATURELLES
(129 E–F2) (*ili* L7)

Die größte Attraktion des Museums für Naturwissenschaften in Brüssel sind bis zu 10 m lange und 125 Mio. Jahre alte Saurierskelette! Die wunderliche Welt wird kinderfreundlich erklärt. Regelmäßig Sonderausstellungen für Kinder. In der Abteilung INSIDER TIPP ▶ *BiodiverCity* kann man das moderne Zusammenspiel von Flora, Fauna und Mensch in der Großstadt entdecken. Computer stellen Fragen zu persönlichen Entscheidungen und simulieren die Folgen für die Biodiversität. Außerdem gibt es Kindersäle mit kleinen Hütten, Zeichentrickfilmen, interaktiven Spielen sowie das *Paleo-Lab*, in dem Kinder Paläontologe spielen können. *Di–Fr 9.30–17 Uhr, Sa/So 10–18 Uhr, in den Schulferien Di–So 10–18 Uhr | Eintritt Erwachsene 7 Euro, Kinder 6–17 Jahre 4,50 Euro, unter 6 Jahren frei, PaleoLab Zuschlag 2 Euro | www.sciencesnaturelles. be | Rue Vautier 29 | Bus 20, 59, 80*

OCÉADE (129 E–F2) (*ili* K6)
Tropischer Wasserspaß in Brüssel: Badeparadies mit aufregenden Rutschbahnen. Es gibt zahlreiche Spiele für Kinder unter Aufsicht. Unterdessen können die Eltern die Sauna oder den Hamam besuchen. *Mi–Fr 10–18, Sa/So 10–21 Uhr | Eintritt Kinder bis 1,15 m gratis, 1,15–1,30 m 14,50 Euro, über 1,30 m und Erwachsene 17,50 Euro | Boulevard du Centenaire/Bruparck | Metro Heizel | www.oceade.be*

ANTWERPEN

KINDERRESTAURANT
(127 D–E 4–5) (*ili* L4)
Hier lernen Kinder spielerisch lecker und gesund kochen – von Häppchen bis Kuchen, flämisch wie auch mediterran. *Gro-*

te Markt 29 | Antwerpen | Tel. mobil 0475 65 57 85 | www.artofchildren.be

SPEELGOEDMUSEUM (127 E6) (*ili* L5)
Das riesige, interaktive Spielzeugmuseum in Mechelen bringt Kinderträume aus allen Epochen und aller Welt nahe. Spielecke, in der Cafeteria darf gepicknickt werden. *Di–So 10–17 Uhr | Eintritt Erwachsene und Kinder ab 12 Jahren 8 Euro, Kinder unter 12 Jahren 5,50 Euro | Nekkerspoel 21 | www.speelgoedmuseum.be*

TECHNOPOLIS (127 E6) (*ili* L5)
Interaktives Zentrum für alle Aspekte von Naturwissenschaften und Technik, auch Umwelt, Gesundheit, Neue Medien. Die Experimente kann man online nachmachen. *Tgl. 9.30–17 Uhr | Eintritt Erwachsene 12 Euro, Kinder 3–11 Jahre 9,50 Euro, unter 3 Jahren frei | Technologielaan Mechelen | www.technopolis.be*

ZOO ★ (127 D–E 4–5) (*ili* L4)
1843 wurde der Zoo von Antwerpen gegründet, mit der Kolonisierung des Kongo wurde er zu einem der größten Europas (950 Arten). Neben vielen Gebäuden aus der Belle Époque gibt es Attraktionen wie Planetarium, Kinderspielplatz und Wintergarten. Von September bis März gibt es auch Führungen hinter die Kulissen. *Nov.–Feb. tgl. 10–16.45 Uhr, März, April, Okt. tgl. 10–17.30 Uhr, Mai, Juni, Sept. tgl. 10–18 Uhr, Juli/Aug. tgl. 10–19 Uhr | Eintritt Erwachsene 22 Euro, Kinder 3–17 Jahre 17 Euro, unter 3 Jahren frei | Koningin Astridplein 26 (neben dem Zentralbahnhof) | www.zooantwerpen.be*

LIMBURG

FREILICHTMUSEUM BOKRIJK
(131 D4) (*ili* Q6)
Hier sind ganze Stadtteile und Dörfer aus allen flämischen Provinzen nachgebaut

worden, das Leben von früher, sei es von Handwerkern oder Pastoren, wird lebensnah vorgeführt. Manche Kinder lieben besonders den riesengroßen Spielplatz. *April–Sept. Di–So 10–18 Uhr |*

Railbike (April–Nov. Sa/So und in den Schulferien 9.30 und 11.30 Uhr | pro Railbike 20 Euro | Stationstraat 124 | As | www.railbikelimburg.be) auf der Strecke As–Eisden. Kleinere Kinder amüsieren sich

Spannende Entdeckungen für große und kleine Ranger im Nationalpark Hoge Kempen

Eintritt 3–26 Jahre 1 Euro, unter 3 Jahren frei, Erwachsene über 26 Jahre Juli/Aug. 10 Euro (sonst 7 Euro) | Het Domein Bokrijk | Park Midden-Limburg | Genk | www.bokrijk.be

NATIONAAL PARK HOGE KEMPEN
(131 D–E 4–5) (*M R6*)
Im Nationalpark gibt es spannende Aktivitäten für Kinder. In einem Kurs werden sie spielerisch zu INSIDER TIPP *Junior Rangers* ausgebildet *(Kosten 2 Euro, ganze Familie 5 Euro | Tel. 089 62 28 67 | www.lieteberg.be).*
Eine *Schmalspurbahn (Mai–Okt. Mi 14 Uhr, Sa/So 14, 15 und 16 Uhr | Eintritt 3 Euro, ganze Familie 8 Euro | Stationstraat 124 | As | www.stationas.be),* die einst Kohle transportierte, fährt zum Aussichtsturm. Toll ist eine Fahrt mit dem

köstlich auf dem *Kinderbauernhof Pietersheim (tgl. April–Okt. 8–21 Uhr, Nov.–März 8–18 Uhr | Eintritt frei | Neerharenweg 12 | Lanaken | www.pietersheim.be)* mit vielen Hühnern und Kaninchen, riesigem Spielplatz und dem 3 km langen *Kabouterpad* („Zwergepfad").

RAUS AUFS LAND (131 D6) (*M Q7*)
Ferien auf dem Bauernhof sind ein tolles Erlebnis für Stadtkinder. Oft dürfen sie mithelfen, etwa in der *Ruttermolen (2 Zi. | Ruttersmolenstraat 20 | Tongeren | Tel. 012 24 16 24 | www.ruttermolen.be | €),* wo Getreide gemahlen und anschließend Brot gebacken wird. Eine andere Attraktion sind Fahrräder mit Anhängern für die Kleinen und Radwege durch Felder und Wälder. *www.hoevetoerisme.be | www.toerismeliburg.be*

EVENTS, FESTE & MEHR

FEIERTAGE

1. Jan. Neujahr; **Ostermontag; 1. Mai** Tag der Arbeit; **Christi Himmelfahrt; Pfingstmontag; 21. Juli** Belgischer Nationalfeiertag; **15. Aug.** Mariä Himmelfahrt; **1. Nov.** Allerheiligen; **11. Nov.** Waffenstillstand 1918; **25. und 26. Dez.** Weihnachten

FESTE & VERANSTALTUNGEN

JANUAR

▶ *Brafa:* An Belgiens schicker Top-Antiquitätenmesse in Brüssel (Tour et Taxis) nehmen auch die führenden flämischen Händler teil (Ende des Monats). *www.brafa.be*

▶ INSIDER TIPP *Lichtfeest:* Drei Nächte lang verwandeln renommierte Lichtdesigner Gent in eine Märchenstadt (zweite Monatshälfte).

FEBRUAR/MÄRZ

▶ *Karneval:* Im ostflämischen Aalst mit zwei Umzügen, in der Provinz Limburg mit zahlreichen Bällen

MÄRZ/APRIL

▶ *Ronde van Vlaanderen:* Legendäres, hartes Radrennen (Ende März/Anfang April)

APRIL

▶ ● *Floralien:* Traumhafte Arrangements der besten Blumenzüchter und -binder, die die einheimischen Azaleen und Begonien voll zur Geltung kommen lassen. Im ICC in Gent (alle fünf Jahre, nächste Schau 2015). *www.floralien.be*

MAI/JUNI

▶ *Heilig-Blut-Prozession:* Angesehene Bürger von Brügge tragen eine Reliquie durch die Stadt, mit farbenprächtiger Begleitung (Christi Himmelfahrt).

JUNI

▶ *Rock Werchter:* Tonangebendes Rock- und Popfestival mit jungen Gruppen und Besuchern, läutet auf den Wiesen bei Leuven die Festivalsaison ein (letztes Wochenende). *www.rockwerchter.be*

JULI

▶ ● *Gentse Feesten:* Zehntägiges Volksfest in Gent mit viel Musik und Straßenkunst, Zechgelagen in der ganzen Stadt und abendlichem Lichterspiel (Monatsmitte). Alle Konzerte und Vorstellungen sind gratis. *www.gentsefeesten.be*

▶ *Sfinks Festival:* Treff der besten Worldmusic im Park Boechout bei Antwerpen. *www.sfinks.be*

Kunst und Musik nonstop: Festivals, Messen, Prozessionen – in Flandern ist immer und überall etwas los

JULI/AUGUST

▶ *Zomer van Antwerpen:* Tanz, Musik und poetischer Zirkus am Scheldeufer (bis Ende Aug.). www.zva.be

▶ *MAfestival:* Führendes Festival der Alten Musik in Brügge, Wettbewerb u. a. für Cembalo und Orgel (zehn Tage Anfang Aug.). **INSIDER TIPP** Vorrunde, Halbfinale und zehn Fringe-Konzerte junger Ensembles gratis. www.mafestival.be

JULI–SEPTEMBER

▶ *Zandsculpturenfestival* in Blankenberge: monumentale Werke am Strand, jährlich mit einem anderen Thema

AUGUST

▶ *Jazz Middelheim:* Angesagtes Treffen im Skulpturenpark bei Antwerpen

▶ *Laus polyphoniae:* Einwöchiges Festival der Alten Musik in der Antwerpener Augustinuskerk, das sich mit jeweils einem einzelnen Komponisten befasst (zweite Monatshälfte). www.festivalvan vlaanderen-antwerpen.be

▶ *Reiefeest* in Brügge: Prächtig inszenierte Episoden aus Brügges Geschichte (Grachten und Burgplatz, alle drei Jahre: 2014, 2017 usw.). www.reiefeest.be

SEPTEMBER

▶ *Open Monumentendag:* Hunderte von Baudenkmälern sind öffentlich zugänglich, jährlich wechselnde Themen.

OKTOBER

▶ *Biennale Interieur:* Messe für modernes Design in Kortrijk (in geraden Jahren, das nächste Mal 2014). www.interieur.be

NOVEMBER

▶ *Lineart:* Führende Messe für moderne und zeitgenössische Kunst und Grafik in Gent (Flanders' Expo). www.lineart.be

DEZEMBER

▶ ● *Kerststallen:* Um Turnhout herum sind Weihnachtskrippen mit lebensgroßen Figuren zu sehen, oft mit echten Tieren in typisch kempischen Tierställen.

ICH WAR SCHON DA!

Vier User aus der MARCO POLO Community verraten ihre Lieblingsplätze und ihre schönsten Erlebnisse

HOTEL LEOPOLD

In einer ruhigen Straße, nur ein paar Schritte von der Altstadt entfernt, liegt das kleine, familiengeführte *Hotel Leopold (Hoogste van Brugge | Brügge)*. Wir haben in einem wunderschön eingerichteten Apartment gewohnt und uns sofort wohlgefühlt. Die Einrichtung ist stilvoll mit liebevollen Details und das Personal sehr freundlich. In wenigen Minuten ist man auf der Haupteinkaufsstraße und kann von hier aus die Touristenpunkte angehen. **Peggyli_Mu aus Bochum**

SCHOKOLADENMUSEUM

Im *Choco Story (Wijnzakstraat 2 | Brügge)* erfährt man alles rund um die Kakaobohne. Am Ende des Rundgangs sind beeindruckende Schokoladenskulpturen ausgestellt. Im letzten Raum kann man bei der Herstellung von Pralinen zusehen und probieren. Wir fanden das sehr spannend und lecker. **VWPolo-Madel aus München**

DER BERÜHMTE PAVILLON

Da wir kurz vor unserem Urlaub „Brügge sehen und sterben" gesehen haben, kannten wir den malerischen *Koningin Astridpark (Minderbroedersstraat | Brügge)* aus einer Szene. Er ist auf jeden Fall einen Abstecher wert. Neben schönen Blumenanlagen, Seen und Wasserfontänen war der Pavillon ein absolutes Highlight. Er sieht ein bisschen aus wie ein altes Karussell und ist ein tolles Fotomotiv. **iSchatzi97 aus Berlin**

'T DREUPELKOT IN GENT

Gleich neben dem Het Waterhuis aan de Bierkant liegt die winzig kleine Bar *'t Dreupelkot (Groentenmarkt 12 | Gent)*: nicht größer als ein Wohnzimmer, aber voll mit vielen ausgefallenen Spirituosen. Hier bekommt man alle nur denkbaren Genever-Variationen. Wir haben zum Beispiel Kurze mit Bounty- oder Kaktusfeigen-Geschmack getrunken – wirklich sehr lecker. **Stardust_1985 aus Köln**

Haben auch Sie etwas Besonderes erlebt oder einen Lieblingsplatz gefunden, den nicht jeder kennt? Gehen Sie einfach auf www.marcopolo.de/mein-tipp

EIGENE NOTIZEN

LINKS, BLOGS, APPS & MORE

LINKS

▶ www.marcopolo.de/flandern Interaktive Karten inklusive Planungsfunktion, Impressionen aus der Community, aktuelle News und Angebote ...

▶ www.belgieninfo.net Von deutschen Expats gemachtes Internetportal mit nützlichen Ratschlägen und Tipps sowie News aus der deutschen Community

▶ www.bierebel.com Jedes Jahr kommen in Belgien neue Biere kleiner Brauereien auf den Markt. Hier finden Sie, auch auf Deutsch, alle Informationen

▶ www.cafebabel.com Das Magazin junger Europäer beschäftigt sich mit europäischen Themen, berichtet aber auch über den Alltag in Brüssel und anderen Städten, u. a. auf Deutsch

▶ www.flanderninfo.be Das deutschsprachige Portal des öffentlich-rechtlichen Senders VRT bietet eine gute Übersicht über aktuelle Themen. Zahlreiche Videos zu Land, Leuten und bunten Themen

▶ www.monarchie.be Auf dem offiziellen Internetportal des belgischen Königshauses finden Royalty-Fans alle Informationen über die Geschichte und die heutigen Mitglieder der belgischen Dynastie – auch auf Deutsch

NETWORK

▶ www.belgiancoastgreeters.com/de Bewohner der belgischen Küste zeigen ihren Badeort, die Gäste können später kommentieren (auch auf Deutsch)

▶ www.streetpage.be Social Network von Leuten eines Stadtviertels, nützlich können die Hilfsangebote und Ratschläge sein

▶ www.spottedbylocals.com Für Antwerpen, Gent und Brüssel geben Locals Tipps (auf Englisch)

▶ www.toursbylocals.com Die durch Antwerpen, Brügge, Gent oder zu den Schlachtfeldern des Ersten Weltkriegs führenden Locals werden sorgfältig ausgewählt, die User bewerten ihre Qualität (auf Englisch)

Egal, ob Sie sich auf Ihre Reise vorbereiten oder vor Ort sind: Mit diesen Adressen finden Sie noch mehr Informationen, Videos und Netzwerke, die Ihren Urlaub bereichern.

VIDEOS, STREAMS & PODCASTS

▶ www.apen.be/videos-antwerpen Nette Videos aus und über Antwerpen

▶ www.meteobelgie.be Dutzende Webcams zeigen das Wetter in allen Städten und Regionen Belgiens

▶ www.mnm.be Popsender mit Streaming, Podcast und Videos

▶ www.worbz.com Belgisches Internetportal für phantastische junge Fotokunst, mit Online-Pinboard, auf dem die User ihre eigenen Fotos veröffentlichen können (auf Französisch und Englisch)

▶ www.stubru.be Kultprogramm des öffentlich-rechtlichen Senders VRT, originelle, leicht alternative Musikauswahl. Streaming, Podcast und Videos

BLOGS & FOREN

▶ www.cyclechic.be Pfiffiger Blog, mit vielen Tipps und witzigen Fotos von Radfahrern für Radfahrer, insbesondere in den Städten (Englisch und Niederländisch)

▶ www.ilovebelgium.be Stijn und Tom stellen ihre persönliche, ziemlich „arty" getönte Trendauswahl vor und lassen sie kommentieren (auf Englisch)

▶ www.theflemishprimitives.com Das Neueste von und über Flanderns Avantgardeköche, einschließlich toller Rezepte (auf Englisch)

▶ www.thisisantwerp.be Antwerpener Locals stellen das Neueste aus Kunst, Musik, Mode, Lifestyle in ihrer Stadt vor, andere kommentieren und ergänzen weitere Tipps (auf Englisch)

▶ www.belgienforum.net Forum der in Belgien lebenden Deutschsprachigen

APPS

▶ carbu.be Führt täglich zu den billigsten Tankstellen in Belgien, sehr nützlich

▶ this is antwerp Antwerpens Hotspots, für iPhone und Android

▶ ugentpassage Gent entdecken: von der Universität zusammengestellte Tipps

▶ visit-brussels Das Internetportal des Brüsseler Fremdenverkehrsamts bietet mehrere Apps zum Besuch der Stadt

PRAKTISCHE HINWEISE

ANREISE

Anfahrt: E34 (Duisburg–Antwerpen), E314 (Aachen–Leuven), E40 (Aachen–Oostende), E411/E19 (Luxemburg–Brüssel–Antwerpen). Die Benutzung der Autobahnen ist gebührenfrei, nur der *Liefkenshoektunnel* des Antwerpener Rings West kostet 5,50 Euro Maut.

Der Thalys verbindet sechsmal täglich Köln und Brüssel, der ICE fährt viermal täglich die Strecke Frankfurt–Köln–Brüssel. Wer nach Limburg möchte, steigt in Liège um. Für andere flämische Provinzen Umstieg in Bruxelles-Midi auf belgische IC- und IR-Züge. Aus der Schweiz verkehren täglich der Eurocity Vauban und der Eurocity Iris (Zürich–Basel–Straßburg–Luxemburg–Brüssel). *Auskunft: www.b-rail.be | www.thalys.com*

Linienflüge aus Deutschland, Österreich und der Schweiz landen auf dem Flughafen Bruxelles-National (15 km nordöstlich der Stadt). German Wings fliegt ihn von mehreren deutschen Flughäfen sowie aus Wien ebenfalls an. Von 5.30 bis 0.20 Uhr fährt alle 15–20 Minuten der Zug *Brussels Airport Express* in die Stadt (2. Klasse 7,60 Euro, bei Erwerb der Fahrkarte im Zug 3 Euro Aufpreis, Fahrtdauer 20 Minuten). Stündlich verkehren auch zwei Züge vom Flughafen nach Mechelen–Antwerpen (2. Klasse 10,20 Euro) und nach Leuven (2. Klasse 7,90 Euro). Ein Airport-Express fährt stündlich über die Brüsseler Bahnhöfe nach Gent und weiter nach De Panne. Wer nach Brügge, Oostende, Blankenberge oder Knokke möchte, steigt entweder in Bruxelles-Midi oder in Gent-Sint-Pieters um.
Ryanair hat auf dem Flughafen Brussels South-Charleroi Airport (50 km südlich von Brüssel) ein Drehkreuz. Von hier fährt von 8.30 bis 23.50 Uhr alle 20 Minuten ein Shuttlebus zum Bahnhof Bruxelles-Midi (13 Euro). Ein TEC-Bus Ligne A bringt Sie zum Bahnhof Charleroi-Sud, von dort fahren halbstündlich Züge nach Bruxelles-Midi (19,60 Euro).

GRÜN & FAIR REISEN

Auf Reisen können auch Sie mit einfachen Mitteln viel bewirken. Behalten Sie nicht nur die CO_2-Bilanz für Hin- und Rückflug im Hinterkopf *(www.atmosfair.de)*, sondern achten und schützen Sie auch nachhaltig Natur und Kultur im Reiseland *(www. gate-tourismus.de; www.zukunftreisen.de; www.ecotrans.de)*. Gerade als Tourist ist es wichtig, auf Aspekte zu achten wie Naturschutz *(www. nabu.de; www.wwf.de)*, regionale Produkte, Fahrradfahren (statt Autofahren), Wassersparen und vieles mehr. Wenn Sie mehr über ökologischen Tourismus erfahren wollen: europaweit *www.oete.de*; weltweit *www.germanwatch.org*

AUSKUNFT

BELGISCHES VERKEHRSAMT
Cäcilienstr. 46 | 50667 Köln | Tel. 0221 2 70 97 70 | www.flandern.com

TOURISMUS FLANDERN-BRÜSSEL
Mariahilferstr. 121 b | 1060 Wien | Tel. 01 5 96 06 60 | www.flandern.co.at

Von Anreise bis Zoll

Urlaub von Anfang bis Ende: die wichtigsten Adressen und Informationen für Ihre Flandernreise

FREMDENVERKEHRSÄMTER IN FLANDERN

www.westtoer.be (Brügge und Westflandern), *www.dekust.org* (Küste), *www.toerismeoostvlaanderen.be* (Gent und Ostflandern), *www.vlaamsbrabant.be/toerisme* (Flämisch-Brabant), *www.visitbrussels.be* (Brüssel), *www.tpa.be* (Antwerpen), *www.toerismelimburg.be* (Limburg)

AUTO

Höchstgeschwindigkeit auf belgischen Autobahnen 120, auf Nationalstraßen 90, auf flämischen Nebenstraßen 70, in Ortschaften 50, bei Schulen 30 km/h. Gurtpflicht besteht auch auf den Rücksitzen. Promillegrenze: 0,5. Es müssen zwei gelbe Warnwesten mitgeführt werden. Pannenhilfe: *Touring Wegenhulp | Tel. 070 34 47 77 (*)* oder *Vlaamse Automobilistenbond VAB | Tel. 070 34 46 66 (*)*

BANKEN & GELD

Öffnungszeiten Mo–Fr 9–16 Uhr, in Kleinstädten gibt es oft eine Mittagspause. EC-Automaten sind weit verbreitet. Kreditkarten werden fast überall akzeptiert, Diners ist weniger gängig.

DIPLOMATISCHE VERTRETUNGEN

DEUTSCHE BOTSCHAFT
Rue Jacques de Lalaing 8–14 | Brüssel | Tel. 02 7 87 18 00 | www.bruessel.diplo.de

ÖSTERREICHISCHE BOTSCHAFT
Place du Champ-de-Mars 5 | Brüssel | Tel. 02 2 89 07 00 | www.aussenministerium.at/bruessel

SCHWEIZER BOTSCHAFT
Rue de la Loi 26 | Brüssel | Tel. 02 2 85 43 50 | www.eda.admin.ch/bruxelles

WAS KOSTET WIE VIEL?

Kaffee	**3,50 Euro** *für eine Tasse*
Pommes	**2,50 Euro** *für eine kleine Portion Pommes frites*
Bier	**4,50 Euro** *für ein Glas Starkbier (0,3 l)*
Mitbringsel	**19–99 Euro** *für 1 kg Pralinen je nach Hersteller*
Benzin	**ca. 1,70 Euro** *für einen Liter Super*
Taxi	**ca. 9 Euro** *Kurzfahrt (ca. 3 km)*

GESUNDHEIT

In Belgien wird die Europäische Krankenversicherungskarte (EHIC) akzeptiert. In dringenden Fällen helfen die Unfallstationen (*spoedgevallen,* in Brüssel und Wallonien *urgences*) der Krankenhäuser (weiße Straßenschilder mit rotem Kreuz und dem Namen des Krankenhauses). Apotheken (grünes Neonkreuz) haben meist 9–18 Uhr geöffnet. Nacht- und Wochenenddienst (*wacht* bzw. *service de garde*) stehen in einem Kasten am Eingang.

INTERNET & WLAN

In der Nähe vieler Bahnhöfe gibt es Telefon- und Internetshops. WLAN-Hotspots (in Belgien: WiFi) gibt es in fast allen Bahnhöfen und Hotels gratis sowie in über 500 Gaststätten und Restaurants *(www.hierisgratiswifi.be)*. An der Küste ist der Streifen zwischen Knokke-Het Zoute und De Panne abgedeckt, samt Stränden, Camping- und Parkplätzen *(Kosten 4 Euro pro 30 Minuten, 15 Euro pro Tag, 25 Euro pro Woche, 35 Euro für einen Monat | www.citymesh.be)*. WLAN ist kostenlos in der 1. Klasse der Thalys-Züge (in der 2. Klasse je nach Tarif gratis oder 13 Euro). Nützliche Internetadressen: *www.belgi um.be* (allgemeine Infos), *www.belgien-tourismus.de* (Infos zu Brüssel und Wallonien), *www.flanders.be* (Infos der flämischen Regionalregierung), *www.resto.be* (Restauranttipps), *www.cityplug.be* (In-fos zu Bars, Cafés und Clubs), *www.bed andbreakfastflanders.be* (B&Bs), *www. hotels.be* (preiswerte Hotelzimmer), *www.kkunst.com* (flämische Chansons, Pop-/Rockmusik), *www.uitinvlaanderen. be* (Kulturveranstaltungen), *www.net events.be* (Feste und Partys), *www.sport. be* (Sportveranstaltungen), *www.touring. be* (aktuelle Verkehrsinfos), *www.wegen info.be* (Infos der Straßenpolizei)

JUGENDHERBERGEN & CAMPING

In Flandern gibt es 18 Jugendherbergen. Im Juli und August muss überall, in den anderen Monaten in Antwerpen, Brügge und Gent rechtzeitig reserviert werden.

WETTER IN OOSTENDE

	Jan.	Feb.	März	April	Mai	Juni	Juli	Aug.	Sept.	Okt.	Nov.	Dez.
Tagestemperaturen in °C	5	6	9	12	15	18	20	21	19	15	10	7
Nachttemperaturen in °C	1	1	3	5	8	11	14	14	12	8	5	2
Sonnenschein Stunden/Tag	2	3	5	7	7	8	7	7	6	4	2	1
Niederschlag Tage/Monat	14	13	10	10	9	9	12	13	10	14	14	15
Wassertemperaturen in °C	7	6	7	8	10	13	15	16	16	14	11	9

VJH | Van Stralenstraat 40 | B-2060 Antwerpen | Tel. 03 2 32 72 18 | www.vjh.be Alle Auskünfte über Campingplätze gibt's unter www.campings.be.

NOTRUF

Krankenwagen, Feuerwehr: Tel. 100
Polizei: Tel. 101 oder 112

ÖFFENTLICHE VERKEHRSMITTEL

In Flandern gibt es ein einziges Unternehmen, De Lijn. Straßenbahnen fahren in Antwerpen und Gent, alle Badeorte der Küste verbindet die Kusttram (www.dekusttram.be). Zwischen den Orten verkehren weiß-gelbe Busse. Im Vorverkauf (online, im Lijnwinkel an wichtigen Haltestellen und an Automaten) Einzelfahrschein ab 1,20 Euro (ab 2 Euro in Bus/Tram), Tageskarte (dagpas) 5 Euro, 3-Tage-Karte 10 Euro, 5-Tage-Karte 15 Euro (in Bus/Tram 7 bzw. 12 bzw. 18 Euro). In der Provinz Westflandern gibt es auch eine 7-Tage-Karte (nur Vorverkauf, 18 Euro für 1 Person, 30 Euro für 2 Personen). Wer in Bus/Tram kauft, muss beim Fahrer mit Kleingeld bezahlen (maximal mit 10- bzw. 20-Euro-Schein). Einzelfahrscheine müssen am gelben Automaten an den Türen entwertet werden. www.delijn.be
Bei Eisenbahnfahrten gibt es an Wochenenden 50 Prozent Ermäßigung, Sonderpreise für Ausflüge (excursions), für junge Leute unter 26 Jahren den günstigen GO-Pass. Info: www.b-rail.be

POST

Briefe oder Postkarten in EU-Länder kosten 1,13 Euro, außerhalb der EU 1,34 Euro. Die Zahl der Postämter (Mo–Fr 9–17 Uhr) ist stark reduziert worden. Briefmarken gibt es in vielen Zeitungs- und Schreibwarenläden sowie Supermärkten am postpunt bzw. point poste (rot-weißes Schild).

TELEFON & HANDY

In allen Städten gibt es Phoneshops. Mit einer belgischen Prepaid-Karte (von Base, Mobistar oder Proximus) entfallen die Gebühren für eingehende Anrufe. Bei Anrufen innerhalb Belgiens zu einem Festnetzapparat müssen immer die Vorwahl, die mit einer 0 beginnt, und die Teilnehmernummer angewählt werden (z. B. im Fall von Brügge 050 44 46 46). Bei Anrufen zu einem belgischen Handy kommt zuerst die Nummer des Netzbetreibers (von 0475 bis 0498) und dann die Teilnehmernummer. Bei Anrufen nach Belgien wird zuerst die Vorwahl 0032 für Belgien gewählt, dann die Vorwahl des Orts- bzw. Handynetzes ohne die 0, dann die Teilnehmernummer. Vorwahl nach Deutschland 0049, nach Österreich 0043, in die Schweiz 0044.
In Belgien ist bei Nummern mit der Vorwahl 070 oder 0900 Vorsicht geboten, dafür gelten z. T. empfindlich hohe Sondergebühren.

WETTER

Flandern grenzt an den Ärmelkanal. Der Golfstrom bringt maritime Milde. Im Winter schneit es selten, im Sommer wird es selten heiß, in allen Jahreszeiten regnet es. Wetterdienst: www.meteo.be

ZOLL

Innerhalb der EU dürfen Waren frei mitgeführt werden. Nur für Genussmittel gibt es Obergrenzen: 800 Zigaretten, 90 l Wein, 10 l Spirituosen. Schweizer Bürger unterliegen bei der Rückkehr viel strengeren Vorschriften, u. a. 200 Zigaretten, 2 l Wein, 1 l Spirituosen.

SPRACHFÜHRER NIEDERLÄNDISCH

AUF EINEN BLICK

ja/nein/vielleicht	ja [ja]/nee [nee]/misschien [miss-chien]
bitte/danke	*(Sie)* alstublieft [aschtüblieft]/*(du)* alsjeblieft [aschjeblieft]/bedankt [bedankt]
Entschuldigung.	Sorry. [sorri]
Darf ich …?	Mag ik …? [mach ick]
Wie bitte?	Pardon? [pardong]
Ich möchte …/Haben Sie …?	Ik wil graag … [ick will chraach]/Heeft u …? [heeft ü]
Wie viel kostet …?	Hoeveel kost …? [hufeel kost]
Das gefällt mir (nicht).	Dat vind ik (niet) leuk. [dat find ick (niet) löök]
kaputt/funktioniert nicht	kapot [kapott]/werkt niet [werkt niet]
Hilfe!/Achtung!/Vorsicht!	Hulp! [hülp]/Let op! [lett opp]/Voorzichtig! [foorsichtich]
Krankenwagen	ambulance [ambülanze]
Polizei/Feuerwehr	politie [polizi]/brandweer [brandweer]

BEGRÜSSUNG & ABSCHIED

Gute(n) Morgen!/Tag!/Abend!/Nacht!	Goeden morgen!/dag!/avond!/nacht! [chuje morche/dach/afond/nacht]
Hallo!/Auf Wiedersehen!	Hallo! [hallou]/Dag! [daach]
Tschüss!	Doei! [duui]
Ich heiße …	Ik heet … [ick heet]
Wie heißen Sie?	Hoe heet u? [hu heet ü]
Wie heißt Du?	Hoe heet je? [hu heet je]
Ich komme aus …	Ik kom uit … [ick komm öüt]

DATUMS- & ZEITANGABEN

Montag/Dienstag	maandag [maandach]/dinsdag [dinnsdach]
Mittwoch/Donnerstag	woensdag [wuunsdach]/donderdag [donderdach]
Freitag/Samstag	vrijdach [fraidach]/zaterdag [saterdach]
Sonntag/Feiertag	zondag [sonndach]/feestdag [feestdach]
heute/morgen/gestern	vandaag [fanndaach]/morgen [morche]/gisteren [chisteren]
Wie viel Uhr ist es?	Hoe laat is het? [hu laat is hett]
Es ist drei Uhr.	Het is drie uur. [hett is drie üür]
Es ist halb vier.	Het is half vier. [hett is half fier]
Viertel vor vier	Kwart voor vier [kwart foor fier]
Viertel nach vier	Kwart na vier [kwart naa fier]

Spreek jij nederlands?

„Sprichst du Niederländisch?" Dieser Sprachführer hilft Ihnen, die wichtigsten Wörter und Sätze auf Niederländisch zu sagen

UNTERWEGS

offen/geschlossen	open [oupen]/gesloten [cheslooten]
Eingang/Einfahrt	ingang [innchang]/inrit [inritt]
Ausgang/Ausfahrt	uitgang [öütchang]/*(Parkhaus)* uitrit [öütritt], *(Autobahn)* afslag [affslach]
Abfahrt/Abflug/Ankunft	vertrektijd [fertrekktait]/vertrek [fertrekk]/ aankomst [aankommst]
Toiletten/Damen/Herren	toilet [toalett]/dames [daames]/heren [heeren]
(kein) Trinkwasser	(geen) drinkwater [(cheen) drinkwaater]
Wo ist ...?/Wo sind ...?	Waar is ...? [waar is]/Waar zijn ...? [waår sain]
links/rechts	links [links]/rechts [rechts]
geradeaus/zurück	rechtdoor [rechtdoor]/terug [terüch]
nah/weit	dichtbij [dichtbai]/ver [ferr]
Bus/Straßenbahn	bus [büss]/tram [trämm]
U-Bahn/Taxi	metro [metro]/taxi [taxi]
Haltestelle/Taxistand	station [stasionn]/taxistandplaats [taxistandplaats]
Parkplatz/Parkhaus	parkplaats [parkplaats]/ parkeergarage [parkeercharasche]
Bahnhof/Hafen	station [stasjonn]/haven [haafen]
Flughafen	luchthaven [lüchthaafen]
Fahrplan/Fahrschein	dienstregeling [dienstreecheling]/kaartje [kaartje]
einfach/hin und zurück	enkel [enkel]/retour [retuur]
Zug/Gleis	trein [trejn]/spoor [spoor]
Bahnsteig	perron [peronn]
Ich möchte ... mieten	Ik wil graag ... huren [ick will chraach ... hüüren]
ein Auto/Fahrrad/Boot	een auto [enn auto]/fiets [fiets]/boot [boot]
Tankstelle	tankstation [tenkstasjonn]
Benzin/Diesel	benzine [bensiene]/diesel [diesel]
Panne/Werkstatt	autopech [autopech]/garage [charasche]

ESSEN & TRINKEN

Reservieren Sie uns bitte für heute Abend einen Tisch für vier Personen.	Wilt u alstublieft voor vanavond een tafel voor vier personen voor ons reserveren. [Willt ü aschtüblieft foor fannaafont en taafel foor fier persoonen foor ons reserweeren]
auf der Terrasse	op het terras [opp het terrass]
am Fenster	bij het raam [bai het raam]
Die Speisekarte, bitte.	De kaart, alstublieft. [de kaart aschtüblieft]
Könnte ich bitte ... haben?	Mag ik ...? [mach ick]
Flasche/Karaffe/Glas	fles [fläss]/karaf [karaff]/glas [chlass]

Messer/Gabel/Löffel	mes [mäss]/fork [fork]/lepel [leepel]
Salz/Pfeffer/Zucker	zout [saut]/peper [peeper]/suiker [söüker]
Essig/Öl	azijn [asain]/olie [olie]
mit/ohne Eis/	met [mätt]/zonder ijs [sonder ais]/
Kohlensäure	bubbels [bübbels]
Ich möchte zahlen, bitte.	Mag ik afrekenen. [mach ick affreekenen]
Rechnung/Quittung	rekening [reekening]/bonnetje [bonnetje]

EINKAUFEN

Wo finde ich ...?	Waar vind ik...? [waar finnt ick]
Ich möchte .../Ich suche ...	Ik wil ... [ick will]/Ik zoek ... [ick suuk]
Apotheke/Drogerie	apotheek [apoteek]/drogisterij [droochisterai]
Bäckerei/Markt	bakker [bakker]/markt [markt]
Einkaufszentrum	winkelcentrum [winkelsentrümm]
Supermarkt	supermarkt [süpermarkt]
100 Gramm/1 Kilo	1 ons [ons]/1 kilo [kielo]
teuer/billig/Preis	duur [düür]/goedkoop [chuutkoop]/prijs [prais]
mehr/weniger	meer [meer]/minder [minder]

ÜBERNACHTEN

Ich habe ein Zimmer re-	Ik heb een kamer gereserveerd. [ick hepp en kaamer
serviert.	chereserveert]
Haben Sie noch ...	Heeft u nog ... [heeft ü noch]
Einzelzimmer	eenpersoonskamer [eeinpersoonskaamer]
Doppelzimmer	tweepersoonskamer [tweepersoonskaamer]
Frühstück/Halbpension	ontbijt [ontbait]/halfpension [halfpensionn]
Vollpension	volpension [follpensionn]
nach vorne/zum Meer	naar de voorkant [naar de foorkannt]/
	naar de zee [naar de see]
Dusche/Bad	douche [duusch]/badkamer [battkaamer]
Balkon/Terrasse	balkon [balkonn]/terras [terrass]
Schlüssel/Zimmerkarte	sleutel [slöötel]/sleutelkaart [slöötelkaart]

BANKEN & GELD

Bank/Geldautomat	bank [bank]/pinautomat [pinnautomaat]
bar/ec-Karte/	kontant [kontant]/pinpas [pinnpass]/
Kreditkarte	creditcard [kredditkaart]

GESUNDHEIT

Arzt/Zahnarzt/Kinderarzt	arts [arts]/tandarts [tandarts]/kinderarts [kinderarts]
Krankenhaus/	ziekenhuis [siekenhöüs]/
Notfallpraxis	spoedeisende hulp [spuutaisende hülp]

Fieber/Schmerzen	koorts [koorts]/pijn [pain]
Durchfall/Übelkeit	diaree [diaree]/misselijkheid [misselickhait]
entzündet/verletzt	ontstoken [ontstooken]/gewond [chewonnt]
Schmerzmittel/Tablette	pijnstiller [painstiller]/tablet [tablett]

TELEKOMMUNIKATION & MEDIEN

Briefmarke/Brief	zegel [sechel]/brief [brief]
Postkarte	aanzichtkaart [aansichtkaart]
Ich brauche eine Telefon-karte fürs Festnetz.	Ik wil graag een telefoonkaart voor het vaste net. [ick will chraach en telefoonkaart foor het faste net]
Ich suche eine Prepaid-karte für mein Handy.	Ik zoek een prepaid-kaart voor mijn mobieltje. [ick suuk en prepaid-kaart foor main mobieltje]
Wo finde ich einen Internetzugang?	Waar krijg ik toegang tot internet? [waar kraich ick tu-uchang tot internet]
Steckdose/Adapter/Ladegerät	stopcontact [stoppkontakt]/adapter [adapter]/oplader [oplader]
Computer/Batterie/Akku	computer [compjuter]/batterij [batterai]/accu [akkü]
Internetanschluss/WLAN	internetverbinding [internetferbinding]/WLAN
E-Mail/Datei/ausdrucken	mail [mäil]/bestand [bestand]/uitdraaien [öütdraajen]

FREIZEIT, SPORT & STRAND

Strand/Strandbad	strand [strand]/strandbad [strandbad]
Sonnenschirm/Liegestuhl	zonnescherm [sonne scherm]/zonnestoel [sonnestuul]
Ebbe/Flut	laagwater [laachwater]/hoogwater [hoochwaater]

ZAHLEN

0	nul [nüll]	15	vijftien [faiftien]
1	één [ejn]	16	zestien [sestien]
2	twee [twee]	17	zeventien [söwentien]
3	drie [drie]	18	achtien [achtien]
4	vier [fier]	19	negentien [neechentien]
5	vijf [faif]	70	zeventig [söwentich]
6	zes [ses]	80	tachtig [tachtich]
7	zeven [söwen]	90	negentig [neechentich]
8	acht [acht]	100	honderd [hondert]
9	negen [neechen]	200	tweehonderd [tweehondert]
10	tien [tien]	1000	duizend [döüsent]
11	elf [elf]	2000	tweeduizend [tweedöüsent]
12	twaalf [twaalf]	10000	tienduizend [tiendöüsent]
13	dertien [därtien]	1/2	half [half]
14	viertien [fiertien]	1/4	kwart [kwart]

SPRACHFÜHRER FRANZÖSISCH

AUF EINEN BLICK

ja/nein/vielleicht	oui [ui]/non [nong]/peut-être [pöhtätr]
bitte/danke	s'il vous plaît [ßil wu plä]/merci [märßih]
Gute(n)/Morgen!/Tag!/	Bonjour! [bongschuhr]/Bonjour! [bongschuhr]/
Abend!/Nacht!	Bonsoir! [bongßoar]/Bonne nuit! [bonn nüi]
Hallo!/Auf Wiedersehen!/	Salut! [ßalü]/Au revoir! [o rövoar]/Salut! [ßalü]
Tschüss!	
Entschuldigung!	Pardon! [pardong]
Ich heiße ...	Je m'appelle ... [schö mapäll ...]
Darf ich ...?	Puis-je ...? [püi schö ...]
Wie bitte?	Comment? [kommang]
Ich möchte .../Haben Sie?	Je voudrais ... [schö wudrä]/Avez-vous? [aweh wu]
Wie viel kostet ...?	Combien coûte ...? [kombjäng kuht ...?]
Das gefällt mir (nicht).	Ça (ne) me plaît (pas). [ßa (nö) mö plä (pa)]
gut/schlecht/kaputt	bon [bong]/mauvais [mowä]/cassé [kaßeh]
zu viel/viel/wenig	trop [troh]/beaucoup [bokuh]/peu [pöh]
alles/nichts	tout [tuh]/rien [riäng]
Hilfe!/Achtung!	Au secours! [o ßökuhr]/Attention! [attangßjong]
Polizei/Feuerwehr/	police [poliß]/pompiers [pompieh]/
Krankenwagen	ambulance [ambülangß]

UNTERWEGS

offen/geschlossen	ouvert [uwär]/fermé [färmeh]
Eingang/Ausgang	entrée [angtreh]/sortie [ßorti]
Abfahrt/Abflug/Ankunft	départ [depahr]/départ [depahr]/arrivée [arriweh]
Toiletten/Damen/Herren	toilettes [toalett]/femmes [famm]/hommes [omm]
Wo ist ...?/Wo sind ...?	Où est ...? [u ä ...]/Où sont ...? [u ßong ...]
links/rechts	à gauche [a gohsch]/à droite [a droat]
geradeaus/zurück	tout droit [tu droa]/en arrière [ong arriähr]
nah/weit	près [prä]/loin [loäng]
Bus/Straßenbahn/	bus [büß]/tramway [tramwäi]/métro [mehtro]/
U-Bahn/Taxi/Haltestelle	taxi [takßi]/arrêt [arrä]
Stadtplan/[Land-]Karte	plan de ville [plang dö vil]/carte routière [kart rutjähr]
Bahnhof/Hafen/Flughafen	gare [gahr]/port [pohr]/aéroport [aeropohr]
Fahrplan/Fahrschein	horaire [orär]/billet [bije]
einfach/hin und zurück	aller simple [aleh ßämpl]/aller-retour [aleh rötuhr]
Zug/Gleis/Bahnsteig	train [träng]/voie [woa]/quai [käh]
Arzt/Zahnarzt	médecin [medßäng]/dentiste [dangtißt]
Krankenhaus/Notfallpraxis	hôpital [opital]/urgences [ürschangß]
Internetanschluss/WLAN	accès internet [akßä internet]/wi-fi [wifi]

Tu parles français?

„Sprichst du Französisch?" Dieser Sprachführer hilft Ihnen, die wichtigsten Wörter und Sätze auf Französisch zu sagen

ESSEN & TRINKEN

Die Speisekarte, bitte.	La carte, s'il vous plaît. [la kart ßil wu plä]
Flasche/Karaffe/Glas	bouteille [buteij]/carafe [karaf]/verre [wär]
Messer/Gabel/Löffel	couteau [kutoh]/fourchette [furschät]/cuillère [küijär]
Salz/Pfeffer/Zucker	sel [ßäl]/poivre [poawr]/sucre [ßükr]
Essig/Öl	vinaigre [winägr]/huile [üil]
Milch/Sahne/Zitrone	lait [lä]/crême [kräm]/citron [ßitrong]
mit/ohne Eis/Kohlensäure	avec [awäk]/sans [ßang] glaçons/gaz [glaßong/gaß]
Ich möchte zahlen, bitte.	Je voudrais payer, s'il vous plaît. [schön wudrä pejeh, ßil wu plä]
Rechnung/Quittung	addition [adißjong]/reçu [rößü]

ÜBERNACHTEN

Ich habe ein Zimmer reserviert.	J'ai réservé une chambre. [scheh reserweh ün schangbr]
Einzel-/Doppelzimmer	chambre simple/double [schangbr ßämplö/dublö]
Frühstück/Halbpension/ Vollpension	petit déjeuner [pöti deschöneh]/demi-pension [dömi pangßjong]/pension complète [pangßjong komplät]
Dusche/Bad	douche [dusch]/bain [bäng]
Balkon/Terrasse	balcon [balkong] /terrasse [teraß]
Schlüssel/Zimmerkarte	clé [kleh]/carte magnétique [kart manjetik]
Gepäck/Koffer/Tasche	bagages [bagahsch]/valise [walis]/sac [ßak]

BANKEN & GELD

Bank/Geldautomat/ Geheimzahl	banque [bangk]/guichet automatique [gischeh otomatik]/code [kodd]
bar/Kreditkarte	comptant [komtang]/carte de crédit [kart dö kredi]
Banknote/Münze	billet [bijeh]/monnaie [monä]

ZAHLEN

0	zéro [sero]		8	huit [üit]
1	un, une [äng, ühn]		9	neuf [nöf]
2	deux [döh]		10	dix [diß]
3	trois [troa]		20	vingt [väng]
4	quatre [katr]		100	cent [ßang]
5	cinq [ßänk]		1000	mille [mil]
6	six [ßiß]		½	un[e] demi[e] [äng/ühn dömi]
7	sept [ßät]		¼	un quart [äng kar]

REISEATLAS

Die grüne Linie ▬▬ zeichnet den Verlauf der Ausflüge & Touren nach
Die blaue Linie ▬▬ zeichnet den Verlauf der Perfekten Route nach

**Der Gesamtverlauf aller Touren ist auch in
der herausnehmbaren Faltkarte eingetragen**

Bild: Brüssel, Grand´ Place

A   **B**   **C**

1

10 km

N O O R D Z E E

Blankenberge

Zee

2

Dover

De Haan

12

14

34

E404

Bredene

12

BRUG
(BRUG

Oostende

25

A10

Jabbeke

6

Middelkerke

9

10

11

d

Zede

Eernegem

Westende

34

11

14

Gistel

5

V

Oostduinkerke-Bad

18

Nieuwpoort

4

45

14

Koksijde-Bad

3 De Panne

Colme

6

3

Ijzer

19

Leke

33

Torhou

51

(Thourou

Bray-Dunes

A18

5

Pervijze

Adinkerke

2

12

601

E40

1

1a

Veurne

8

Vladslo

Kortemark

Licht

35

36

10

4

(Furnes)

Diksmuide

B Zarren-

E

1'5

Ghyvelde

9

Lo

Woumen

22

Werken

Beauvoorde

Staden

15

Hondschoote

8

Kemmelbeek

Steenbeek

23

Roeselare

4

16

(Roulers)

916

15

947

Haringe

Oostvleteren

17

-Poelkapelle

Mandel

E42 Wormhout

16

15

Langemark-

Iz

Oost-Cappel

Ieper-

Moorsled

15

Noord

Wormhout

20

A25

Watou

3

Passendale

5

32

18

St-Laurent

Poperinge

Zonnebeke

14

916

14

B **38**

E

A19

55 L

Moors

5 Cassel

13

St-Eloi

Steenvoorde

11

4

Ieper

3

14

2a

176

158

Steenvoorde

Reningelst

(Ypres)

16

Menen

Mt

de

F

Heuvelland

Wervik

Hall

Monts

11

159

Kemmel

Comines

6

12

Méteren

Nieuwkerke

r

Tourcoing

11

Bailleul

13

29

A2

10

16

E17

916 Hazebrouck

12

A25

933

652

Nieppe

Deûle

F R A N C E

Lie

9

Armentières

LILLE

12

Estaires

945

8

Merville

Armentières

21

St-Venant

Laventie

124

E42

6

Hau-

bourdin

5

2

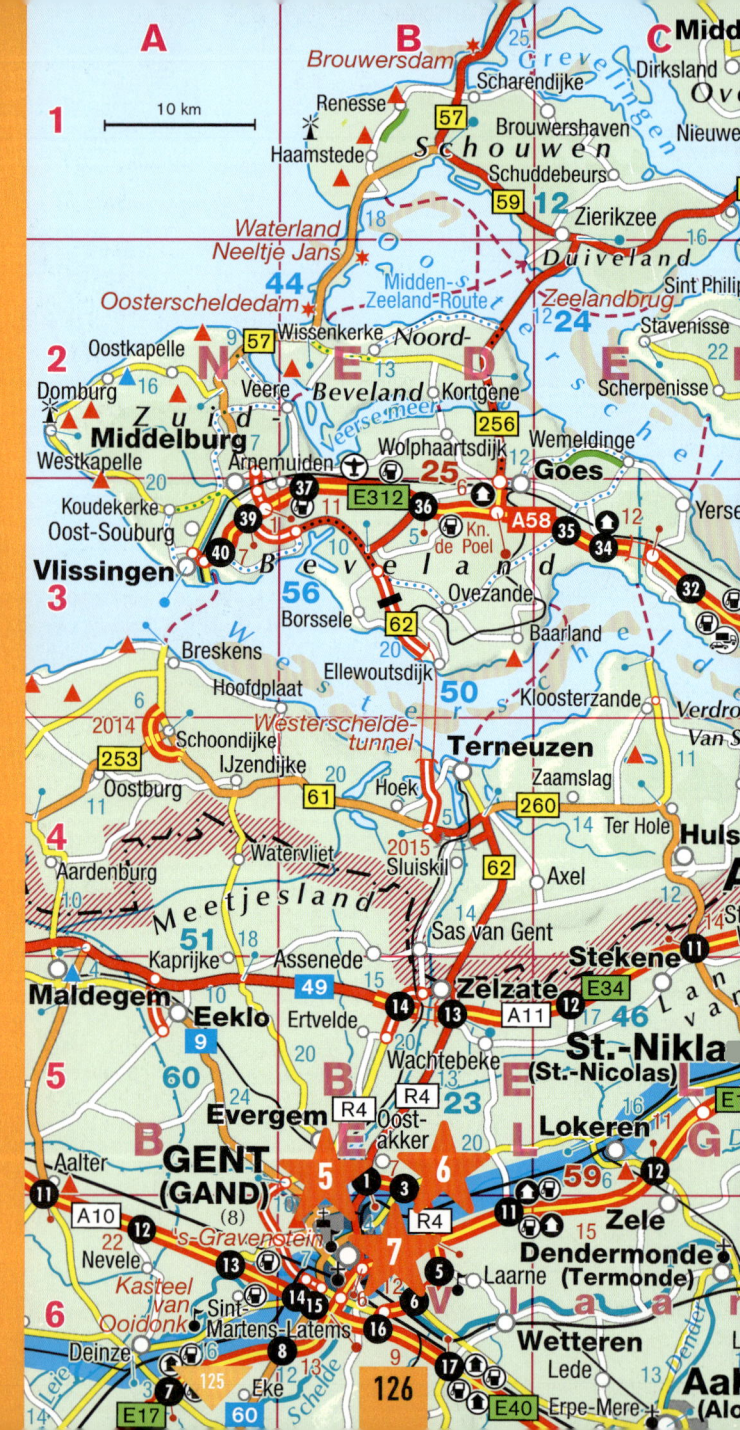

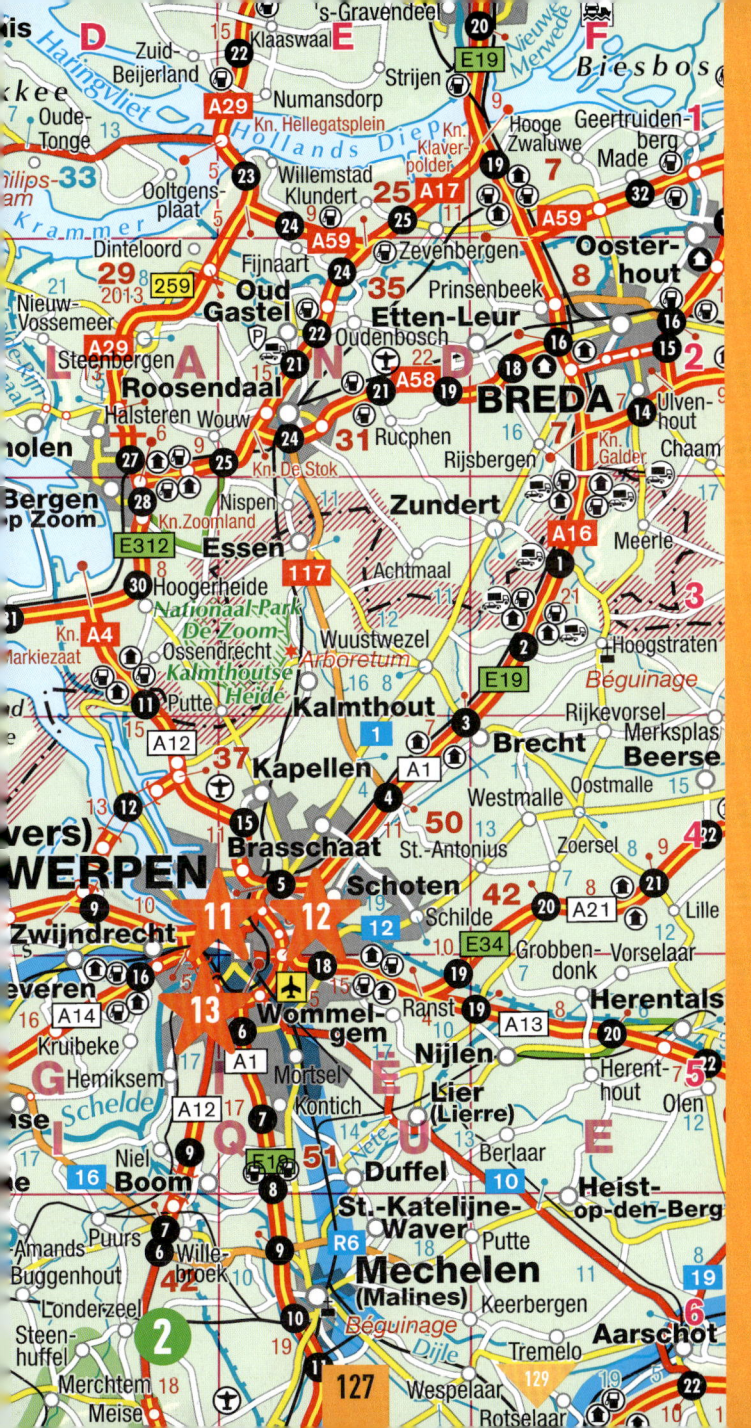

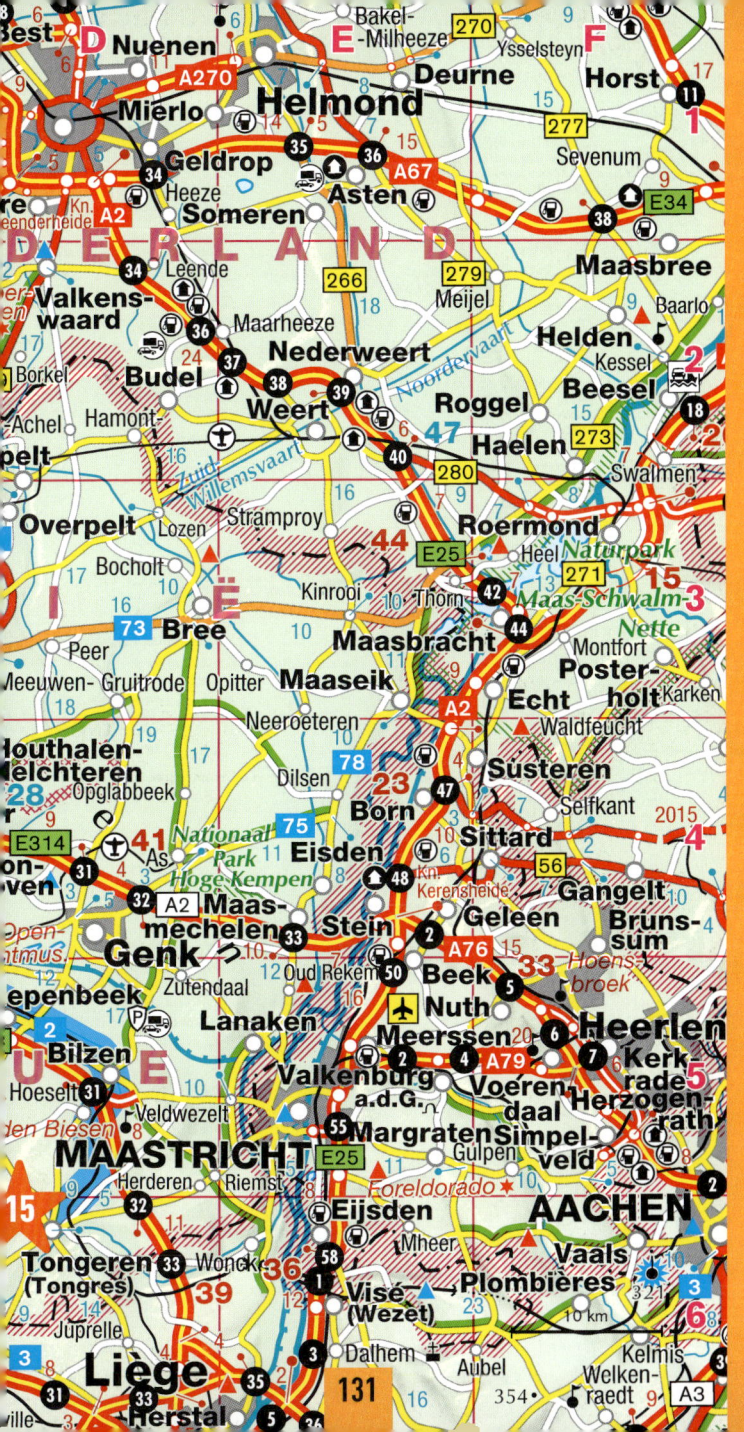

131

KARTENLEGENDE

Autobahn mit Anschlussstellen Motorway with junctions	
Autobahn in Bau Motorway under construction	
Mautstelle Toll station	
Raststätte mit Übernachtung Roadside restaurant and hotel	
Raststätte Roadside restaurant	
Tankstelle Filling-station	
Autobahnähnliche Schnell- straße mit Anschlussstelle Dual carriage-way with motorway characteristics with junction	
Fernverkehrsstraße Trunk road	
Durchgangsstraße Thoroughfare	
Wichtige Hauptstraße Important main road	
Hauptstraße Main road	
Nebenstraße Secondary road	
Eisenbahn Railway	
Autozug-Terminal Car-loading terminal	
Zahnradbahn Mountain railway	
Kabinenschwebebahn Aerial cableway	
Eisenbahnfähre Railway ferry	
Autofähre Car ferry	
Schifffahrtslinie Shipping route	
Landschaftlich besonders schöne Strecke Route with beautiful scenery	
Touristenstraße Tourist route	Alleenstr.
Wintersperre Closure in winter	XI-V
Straße für Kfz gesperrt Road closed to motor traffic	××××
Bedeutende Steigungen Important gradients	8%
Für Wohnwagen nicht empfehlenswert Not recommended for caravans	
Für Wohnwagen gesperrt Closed for caravans	
Besonders schöner Ausblick Important panoramic view	

Wartenstein *Umbalfälle*	Sehenswert: Kultur - Natur Of interest: culture - nature
	Badestrand Bathing beach
	Nationalpark, Naturpark National park, nature park
	Sperrgebiet Prohibited area
	Kirche Church
	Kloster Monastery
	Schloss, Burg Palace, castle
	Moschee Mosque
	Ruinen Ruins
	Leuchtturm Lighthouse
	Turm Tower
	Höhle Cave
	Ausgrabungsstätte Archaeological excavation
	Jugendherberge Youth hostel
	Allein stehendes Hotel Isolated hotel
	Berghütte Refuge
	Campingplatz Camping site
	Flughafen Airport
	Regionalflughafen Regional airport
	Flugplatz Airfield
	Staatsgrenze National boundary
	Verwaltungsgrenze Administrative boundary
	Grenzkontrollstelle Check-point
	Grenzkontrollstelle mit Beschränkung Check-point with restrictions
ROMA	Hauptstadt Capital
<u>VENÉZIA</u>	Verwaltungssitz Seat of the administration
	Ausflüge & Touren Trips & Tours
	Perfekte Route Perfect route
	MARCO POLO Highlight MARCO POLO Highlight

ALLE **MARCO POLO** REISEFÜHRER

DEUTSCHLAND

Allgäu
Bayerischer Wald
Berlin
Bodensee
Chiemgau/
    Berchtesgadener
    Land
Dresden/
    Sächsische
    Schweiz
Düsseldorf
Eifel
Erzgebirge/
    Vogtland
Föhr/Amrum
Franken
Frankfurt
Hamburg
Harz
Heidelberg
Köln
Lausitz/
    Spreewald/
    Zittauer Gebirge
Leipzig
Lüneburger Heide/
    Wendland
Mecklenburgische
    Seenplatte
Mosel
München
Nordseeküste
    Schleswig-
    Holstein
Oberbayern
Ostfriesische Inseln
Ostfriesland/
    Nordseeküste
    Niedersachsen/
    Helgoland
Ostseeküste
    Mecklenburg-
    Vorpommern
Ostseeküste
    Schleswig-
    Holstein
Pfalz
Potsdam
Rheingau/
    Wiesbaden
Rügen/Hiddensee/
    Stralsund
Ruhrgebiet
Sauerland
Schwarzwald
Stuttgart
Sylt
Thüringen
Usedom
Weimar

ÖSTERREICH SCHWEIZ

Berner Oberland/
    Bern
Kärnten
Österreich
Salzburger Land
Schweiz

Steiermark
Tessin
Tirol
Wien
Zürich

FRANKREICH

Bretagne
Burgund
Côte d'Azur/
    Monaco
Elsass
Frankreich
Französische
    Atlantikküste
Korsika
Languedoc-
    Roussillon
Loire-Tal
Nizza/Antibes/
    Cannes/Monaco
Normandie
Paris
Provence

ITALIEN MALTA

Apulien
Dolomiten
Elba/Toskanischer
    Archipel
Emilia-Romagna
Florenz
Gardasee
Golf von Neapel
Ischia
Italien
Italienische Adria
Italien Nord
Italien Süd
Kalabrien
Ligurien/Cinque
    Terre
Mailand/
    Lombardei
Malta/Gozo
Oberital. Seen
Piemont/Turin
Rom
Sardinien
Sizilien/Liparische
    Inseln
Südtirol
Toskana
Umbrien
Venedig
Venetien/Friaul

SPANIEN PORTUGAL

Algarve
Andalusien
Barcelona
Baskenland/
    Bilbao
Costa Blanca
Costa Brava
Costa del Sol/
    Granada

Fuerteventura
Gran Canaria
Ibiza/Formentera
Jakobsweg/
    Spanien
La Gomera/
    El Hierro
Lanzarote
La Palma
Lissabon
Madeira
Madrid
Mallorca
Menorca
Portugal
Spanien
Teneriffa

NORDEUROPA

Bornholm
Dänemark
Finnland
Island
Kopenhagen
Norwegen
Oslo
Schweden
Stockholm
Südschweden

WESTEUROPA BENELUX

Amsterdam
Brüssel
Cornwall und
    Südengland
Dublin
Edinburgh
England
Flandern
Irland
Kanalinseln
London
Luxemburg
Niederlande
Niederländische
    Küste
Schottland

OSTEUROPA

Baltikum
Budapest
Danzig
Krakau
Masurische Seen
Moskau
Plattensee
Polen
Polnische
    Ostseeküste/
    Danzig
Prag
Slowakei
St. Petersburg
Tallinn
Tschechien
Ukraine
Ungarn
Warschau

SÜDOSTEUROPA

Bulgarien
Bulgarische
    Schwarzmeer-
    küste
Kroatische Küste/
    Dalmatien
Kroatische Küste/
    Istrien/Kvarner
Montenegro
Rumänien
Slowenien

GRIECHENLAND TÜRKEI ZYPERN

Athen
Chalkidiki/
    Thessaloniki
Griechenland
    Festland
Griechische Inseln/
    Ägäis
Istanbul
Korfu
Kos
Kreta
Peloponnes
Rhodos
Samos
Santorin
Türkei
Türkische Südküste
Türkische Westküste
Zákinthos/Itháki/
    Kefalloniá/Léfkas
Zypern

NORDAMERIKA

Alaska
Chicago und
    die Großen Seen
Florida
Hawai´i
Kalifornien
Kanada
Kanada Ost
Kanada West
Las Vegas
Los Angeles
New York
San Francisco
USA
USA Ost
USA Südstaaten/
    New Orleans
USA Südwest
USA West
Washington D.C.

MITTEL- UND SÜDAMERIKA

Argentinien
Brasilien
Chile
Costa Rica
Dominikanische
    Republik

Jamaika
Karibik/
    Große Antillen
Karibik/
    Kleine Antillen
Kuba
Mexiko
Peru/Bolivien
Venezuela
Yucatán

AFRIKA UND VORDERER ORIENT

Ägypten
Djerba/
    Südtunesien
Dubai
Israel
Jordanien
Kapstadt/
    Wine Lands/
    Garden Route
Kapverdische
    Inseln
Kenia
Marokko
Namibia
Rotes Meer/Sinai
Südafrika
Tansania/
    Sansibar
Tunesien
Vereinigte
    Arabische
    Emirate

ASIEN

Bali/Lombok/Gilis
Bangkok
China
Hongkong/Macau
Indien
Indien/Der Süden
Japan
Kambodscha
Ko Samui/
    Ko Phangan
Krabi/Ko Phi Phi/
    Ko Lanta
Malaysia
Nepal
Peking
Philippinen
Phuket
Shanghai
Singapur
Sri Lanka
Thailand
Tokio
Vietnam

INDISCHER OZEAN UND PAZIFIK

Australien
Malediven
Mauritius
Neuseeland
Seychellen

REGISTER

Im Register sind alle in diesem Reiseführer erwähnten Orte und Ausflugsziele verzeichnet. Gefettete Seitenzahlen verweisen auf den Haupteintrag.

SCHREIBEN SIE UNS!

SMS-Hotline: 0163 6 39 50 20

Egal, was Ihnen Tolles im Urlaub begegnet oder Ihnen auf der Seele brennt, lassen Sie es uns wissen! Ob Lob, Kritik oder Ihr ganz persönlicher Tipp – die MARCO POLO Redaktion freut sich auf Ihre Infos.

Wir setzen alles dran, Ihnen möglichst aktuelle Informationen mit auf die Reise zu geben. Dennoch schleichen sich manchmal Fehler ein – trotz gründ-

E-Mail: info@marcopolo.de

licher Recherche unserer Autoren/innen. Sie haben sicherlich Verständnis, dass der Verlag dafür keine Haftung übernehmen kann. Kontaktieren Sie uns per SMS, E-Mail oder Post!

MARCO POLO Redaktion
MAIRDUMONT
Postfach 31 51
73751 Ostfildern

IMPRESSUM
Titelbild: Brügge, Marktplatz (Look: age fotostock)
Fotos: S.-C. Bettinger (1 u.); DuMont Bildarchiv: Kiedrowski (Klappe l., 18/19, 47, 75, 79, 96, 102/103), Kluyver (28, 28/29, 40, 86); R. Freyer (Klappe r., 52, 60, 63); Glowimages: Robert Harding (White) (36); Huber: Damm (10/11, 98/99); © iStockphoto.com: Janet Rerecich (16 o.), tulcarion (17 u.); Laif: Gonzalez (9), hemis.fr (2 M. o., 3 M., 7, 44, 68/69); Le Figaro Magazine (4); Look: age fotostock (1 o.); Madame Moustache (17 o.); Pierre Marcolini: Xavier Harcq (16 M.); mauritius images: Alamy (2 o., 5, 8, 20, 105), ib (Moxter) (3 o., 58/59), ib (gourmetvision) (26 r.); D. Renckhoff (2 M. u., 2 u., 3 u., 15, 27, 30 u., 32/33, 39, 43, 48/49, 57, 67, 81, 82, 88, 92/93, 95, 101, 107, 110 u.); T. Stankiewicz (29, 34, 50, 55); M. Thomas (6, 12/13, 30 o., 70, 72, 76, 90, 106/107, 111, 122/123); Toerisme Vlaanderen: De Kievith (106), De Lausnay (64/65), DVT Mechelen (24/25); Tourismus Flandern: Himmer (84/85); Tourismus Flandern Brüssel: Rufenach (110 o.), Westtoer (26 l.); Visit Brussels: J.-P. Remy (16 u.)

11. Auflage 2013
Komplett überarbeitet und neu gestaltet
© MAIRDUMONT GmbH & Co. KG, Ostfildern
Chefredaktion: Michaela Lienemann (Konzept, Chefin vom Dienst), Marion Zorn (Konzept, Textchefin)
Autor: Sven-Claude Bettinger; Redaktion: Corinna Walkenhorst
Verlagsredaktion: Ann-Katrin Kutzner, Nikolai Michaelis
Bildredaktion: Barbara Schmid, Gabriele Forst (Leitung)
Im Trend: wunder media, München
Kartografie Reiseatlas: © MAIRDUMONT, Ostfildern; Kartografie Faltkarte: © MAIRDUMONT, Ostfildern
Innengestaltung: milchhof:atelier, Berlin; Titel, S. 1, Titel Faltkarte: factor product münchen
Sprachführer: in Zusammenarbeit mit Ernst Klett Sprachen GmbH, Stuttgart, Redaktion PONS Wörterbücher

Printed in Germany. Gedruckt auf 100% chlorfrei gebleichtem Papier

BLOSS NICHT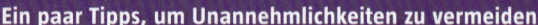

Ein paar Tipps, um Unannehmlichkeiten zu vermeiden

DIE KÜSTENTRAM ÜBERSEHEN

Die *Kusttram* fährt still und schnell. Die Übergänge sind deshalb sehr gut gesichert, und die Fahrer haben immer einen Finger auf der Hupe. Dennoch passieren immer wieder zum Teil sehr schwere Unfälle. Dabei ist die Straßenverkehrsordnung deutlich: Die Tram hat grundsätzlich immer Vorfahrt!

ZU SCHNELL FAHREN

Geschwindigkeitsbegrenzungen gelten auch für Urlauber, und die belgische Polizei kontrolliert streng. In Flandern stehen auch an Landstraßen elektronische Radargeräte, auf den Autobahnen wird zusehends die Trajektkontrolle eingeführt (d. h. die Geschwindigkeit wird in regelmäßigen Abständen kontrolliert). Eine Geschwindigkeitsüberschreitung um 10 km/h kostet 50 Euro, um 20 km/h schon 100 Euro. Wer noch schneller fährt, ist neben dem Bußgeld auch den Führerschein los. Sie können übrigens selbst rechnen auf *www.weg code.be.* Das Bußgeld muss oft sofort gezahlt werden – oder das Auto wird beschlagnahmt. Inzwischen darf auch das deutschen Bundesamt für Justiz in Bonn Bußgelder kassieren.

SICH UND ANDERE AM MEER IN GEFAHR BRINGEN

Noch immer verhalten sich Urlauber während ihres Aufenthalts an der Küste unvorsichtig – so gehen sie zum Beispiel trotz Verbotsschildern schwimmen oder fahren mit dem Schlauchboot aufs Meer hinaus. Wer aus eigenem Verschulden in Not gerät und mit einem der *Seaking*-Rettungshubschrauber aus dem Meer gefischt werden muss, zahlt für den Einsatz – und sein Leben – satte 14 245 Euro.

ÜBERHEBLICH DAHERREDEN

Flamen sind nette Menschen, freundlich zu Gästen. Doch ihr Lächeln verbirgt manchmal viel Leid. Im Ersten und im Zweiten Weltkrieg richteten die deutschen Besatzer sehr viel Unheil an. Am stärksten getroffen wurden Westflandern und Flämisch-Brabant. Deshalb ist heute noch ein wenig Zurückhaltung am Platz, besonders in Dörfern und Kleinstädten.

ABFALL „VERGESSEN"

Eben mal die Colabüchse oder Wasserflasche stehen lassen, ein Papiertaschentuch oder eine Zigarettenkippe achtlos fallen lassen – das kann Sie teuer zu stehen kommen: je nach Stadt zwischen 50 und 120 Euro.

IM FREIEN PINKELN

Plötzlich gibt es ein dringendes Bedürfnis, aber weit und breit ist keine öffentliche Toilette zu sehen, und die nächste Gaststätte verlangt Geld. Zahlen Sie, denn *wildplassen* wird streng kontrolliert und kostet in Antwerpen 50 Euro, in Gent 60 Euro, in Brügge 152 Euro.